Karate Kata 1

Wolf-Dieter Wichmann

Karate Kata 1

Heian 1–5, Tekki 1, Bassai-Dai

FALKEN

Im FALKEN Verlag sind zahlreiche Titel zum Thema »Budo« erschienen. Fragen Sie Ihren Buchhändler!

Zum Thema Karate ist im FALKEN Verlag auch eine Videokassette erschienen.
Spieldauer ca. 45 Minuten, in Farbe, mit Begleitbroschüre (Nr. 6037).

ISBN 3 8068 0683 7

Reihengestaltung: Zembsch' Werkstatt, München
Titelbild: Wolf-Dieter Wichmann, Bremen
Fotos: Aglaia Bachmüller, Wolf-Dieter Wichmann
Zeichnungen: Edith Kuchenmeister

Gesamtherstellung: Wiesbadener Graphische Betriebe GmbH, Wiesbaden

04068385X817 26

Inhalt

Karate-Do

Karate-Do ist eine der japanischen Budo-Sportarten, die in zunehmendem Maße auch im Westen trainiert werden. Da sich wohl kaum einer mit Kata – dem Thema dieses Buches – beschäftigt, ohne schon etwas über Karate zu wissen, soll sich diese Einführung auf einige wichtige Punkte beschränken.
Karate-Do besteht in seinen körperbezogenen Trainingsformen aus 3 Elementen: Kihon (Grundschule), Kumite (Partnertraining, Kampf) und Kata (Perfektionstraining im Raum). Alle 3 Formen sind etwa gleich wichtig, und ein Training von Karate unter Auslassung einer dieser Formen ist schlechterdings nicht denkbar.
Über allen 3 Formelementen steht die geistige Einstellung sowohl zum Karate an sich, als auch zum Gegner, als auch schließlich zu sich selbst. Gichin Funakoshi, ein Begründer des modernen Karate, hat gesagt, daß das Hin-

führen zu einem erhabenen Geist und zu einer Haltung der Demut das eigentliche Ziel des Karate sei.
So problematisch die Übertragung – der Transfer – von geistig-körperlichen Eigenschaften aus dem Sport auf den Charakter des Ausübenden ist, so wenig darf man Karate nur als reine Körperschulung betrachten. Ein gutes Training im Sinne des Karate-»Do« (»Weg des Karate«) beinhaltet immer auch eine Hinleitung des Schülers zu solchen moralischen Werten wie Achtung vor dem Gegenüber, Selbstdisziplin und Bescheidenheit.
Wie schwer diese Worte mit Leben zu erfüllen sind, weiß jeder selbst am besten. Wie wenig in einem Training davon vermittelt werden kann, haben wohl alle Trainer inzwischen erfahren. Das Bemühen darum aber ist gerade der Weg, der zu dem Namen Karate-»Do« führt und zugleich immerwährendes Ziel des Karatetrainings sein soll.

Kata

Im Kihon (Grundschule) lernt der Übende das Handwerkszeug des Karate. In tausendfacher Wiederholung schleifen sich die Bewegungen ein und entwickeln sich zu den typischen blitzschnellen Karatetechniken.
Im Kumite (Partnertraining) wird der Schüler in die Lage versetzt, zum richtigen Zeitpunkt und mit dem richtigen Abstand seine Techniken auszuführen. Erst jetzt bekommen die Techniken einen anwendbaren Wert. In der Praxis wird eine Vervollkommnung der Technik immer auch mit einer Verbesserung im Partnertraining einhergehen.
Kata wird wörtlich mit »Form« übersetzt. Sie beinhaltet einen Kampf gegen mehrere Gegner. Dabei existieren diese freilich nur in der Vorstellung des Ausübenden oder des Beobachters. Ziel ist es, in einer Folge festgelegter Abwehren und Angriffe eine Art Rundumverteidigung auszuführen.
Das moderne Karate, das um die Jahrhundertwende zur heutigen Sportform entwickelt wurde, kennt erst seit Mitte der 30er Jahre den »freien Kampf«, also die heute übliche Form des Wettkampfs. Bis dahin gab es nur Kataturniere, mit denen man das Ziel verfolgte, den besten Karateka herauszufinden. Vielleicht ist daran die Bedeutung der Kata als Gradmesser des Karatekönnens besser abzuschätzen.

Je nach Ausbildungsgrad stehen unterschiedliche Übungsziele im Vordergrund: korrekte Technik, richtige Atmung, guter Stand, perfektes »Timing« oder auch Rhythmus und exakte Bewegung entlang der vorgegebenen Linien im Raum.
Man kennt etwa 30–50 verschiedene Kata (je nachdem, ob man die Kata anderer Stilrichtungen hinzuzählt). Im Shotokan-Karate, auf dessen Techniken sich dieses Buch bezieht, unterscheiden wir 4 verschiedene Gruppen von Kata (dabei werden Vorübungsformen wie beispielsweise die Taikyoku-Kata ausgelassen):

1. Gruppe: Heian 1–5, Tekki 1
als Grundkata der Schülergrade

2. Gruppe: Bassai-Dai, Jion, Empi, Kanku-Dai, Hungetsu
als fortgeschrittene Kata bis zum Meister

3. Gruppe: Bassai-Sho, Kanku-Sho, Jitte, Mekyu, Sochin usw.
als Meisterkata der 1. Stufe

4. Gruppe: Unsu, Gojushiho-Dai, Gojushiho-Sho
als Spezialkata für hohe Meister und Kataspezialisten

Jeder Ausbildungsstufe werden somit bestimmte Kataformen zugeordnet. Das erklärt auch, warum die Bewertung einer hohen Kata, wird sie von einem Schüler mit niedrigerem Niveau ausgeführt, immer so schlecht ausfällt. Hohe Kata verlangen eine derartige Bewegungspräzision und einen derart ausgefeilten Rhythmus wie sie ein Schüler noch nicht erreichen kann. Deshalb dies als Grundsatz und Rat:

Besser eine niedrigere Kata perfekt,
als eine höhere Kata
nur ausreichend beherrschen!

In den Grundkata werden grundsätzliche Übungsziele wie starker Stand, gute Abwehr und sichere Bewegung trainiert und gefordert.

In späteren Kataformen – hervorragendes Beispiel ist die Empi – stehen blitzschnelle Bewegungen und variationsreiche Reflexe im Vordergrund.

Die Entstehung der einfacheren Grundkata ist aus der Aufteilung der ursprünglich allein vorhandenen höheren Kataformen zu erklären. Diese höheren Kata erwiesen sich für den Anfänger als zu schwer, so daß man sie in Einzelkomponenten zerlegte. Interessant ist in diesem Zusammenhang, daß Funakoshi von 3 Jahren spricht, die man vom Beginn des Erlernens einer Kata bis zu ihrer Beherrschung brauche. Auch wenn die Vorführung einer Kata durchaus nach einigen Wochen intensiven Trainings gelungen erscheinen mag: Von Beherrschen – im Sinne des Karate – kann dann noch nicht die Rede sein.

Übungshinweise

Beim Erlernen der Kata sollte man folgendermaßen vorgehen:
Zuerst wird der grobe Ablauf anhand des Schrittdiagramms (Embu-sen) geübt. Dabei sind Kraft, Schnelligkeit und Rhythmus noch nebensächlich. Auch Feinheiten der Technik können vernachlässigt werden. Wird der Ablauf im groben beherrscht, so kommen alle fehlenden Punkte hinzu. Dabei ergibt sich dann aus dem Ziel der Techniken, den Anspannungs- und Lockerungszeiten und dem schnellen und langsamen Ablauf der Techniken der Sinn der Kata. Ohne das exakte Wissen um den Sinn der ausgeführten Technik

bleibt eine Kata gewissermaßen immer nur Ballett. Bei sehr guten Katavorführungen indes wird sogar Laien die Bedeutung der Aktionen unmittelbar klar.
Die Kata beginnt formal immer mit dem »Angrüßen« im Stand. Dabei sind die Fersen geschlossen (Musubi-Dachi), die Hände liegen an den Oberschenkeln an und es wird nur in der Hüfte abgeknickt. Der Blick sollte nach vorne gerichtet sein. Dies symbolisiert die Achtung und Zurückhaltung, die ein Karateka bei der Ausübung seiner Kampfkunst zeigen soll. Nach dem Gruß steht der Ausführende im Shizentai, in Hachiji-Dachi mit schulterbreit geöffneten Füßen. Er befindet sich im Zanshin – das heißt soviel wie »erwartungsvolle Bereitschaft«.
Jede Kata beginnt grundsätzlich mit einer Abwehr. Dies zeigt den friedvollen Zweck des Trainings, das ja nicht auf Aggression beruht, sondern auf Beherrschung abzielt. Die Kata beginnt immer mit der Blickwendung hin zum »Gegner«. Dann läßt man die Ausholbewegung folgen, um nunmehr zügig, explosiv, aber nicht überhastet in die neue Stellung zu gehen. Jede Bewegung wird mit starker Anspannung (Kime) beendet. Dabei unterscheidet man sehr kurze Anspannungszeiten (beispielsweise in der 1. Kata die 8. Bewegung [Age-Uke links] oder in der 2. Kata die 2. Bewegung [Nagashi-Uke mit Tettsui]), normal starke

Zeiten (zum Beispiel in der 1. Kata die 2. Bewegung [Oizuki] oder in der 2. Kata die 1. Bewegung [Doppelarmblock]) und sehr starke, lang angehaltene Zeiten (wie bei jedem Kiai).
Bei den Bildern werden die unterschiedlichen Anspannungszeiten wie folgt symbolisiert:

◀ kürzestmögliche Anspannungszeit

■ kurze Anspannungszeit (etwas weniger als 1 Sekunde)

▬ normale Anspannungszeit (etwa 1 Sekunde)

maximale Anspannung (etwa 2 Sekunden mit Kiai)

∼ fließender Übergang ohne Anspannung

∼◀ langsame, in der Spannung steigende Bewegung über etwa 3 Sekunden hin, mit 1 Sekunde Anspannung zum Abschluß

Fotos, die ein eigenes Kommando beim Zählen der Kata darstellen, sind größer und durchnumeriert. Aus ihnen ergeben sich die einzelnen festgelegten Schritte.
Die Bewegungsabläufe auf den numerierten Bildern sind grundsätzlich von vorn gesehen, das heißt von einem Betrachter aus, der dem Vorführenden zu Beginn der Kata gegenübersteht.
Entsprechend sind Angaben wie »von der linken Seite aus gesehen« auf die linke Seite des *Betrachters* bezogen!
Am Ende der Kata wird der Ablauf noch einmal in einer kurzen Bildfolge und mittels des Schrittdiagramms dargestellt.
Dieses Schrittdiagramm (Embu-sen) soll nur im groben den räumlichen Verlauf der Kata wiedergeben. Der Deutlichkeit halber sind Stellen, die wiederholt eingenommen werden, versetzt gezeichnet, so daß auch Start- und Endpunkt (im Diagramm) nicht übereinstimmen. Die Zahlen entsprechen denen der Bilder. Es folgt eine Zusammenfassung der bisherigen Ausführungen.

Die wichtigsten Punkte des Katatrainings

- Erst die einwandfreie Beherrschung des Ablaufes erlaubt ein Kata»training«.

- Jede Technik soll zunächst einmal einwandfrei und ausgeprägt – mit langen Pausen und großen Ausholbewegungen – gefestigt werden.

- Der Rhythmus ist die »Seele« der Kata. Das heißt, daß mit dem für die Kata typischen Wechsel von Anspannung und Entspannung, langsamen und schnellen Techniken, Einatmen und explosivem Ausatmen bis hin zum Kiai die Kata zum Leben erweckt wird.

- Kata ist Kampf!
  Jede Bewegung ist einer spezifischen Situation zugeordnet. Nur wer diese Situation (den Angriff) kennt, wer an dieser Stelle »kämpft«, wer seinen Gegner und dessen Technik »sieht« und *darauf* reagiert, betreibt Kata richtig.

- Kata heißt »Form«. So ist auch dem formellen Ablauf der Kata – wie Antreten, Angrüßen, Ansagen, Konzentration und Beginn, Start und Ankommen am gleichen Punkt, Zanshin und Abgrüßen zum Abschluß – besondere Bedeutung zuzumessen.

1. Kata:
HEIAN SHODAN

Anmerkungen

Die 1. Kata soll dem Schüler die Grundbegriffe der Kata nahebringen. Es ist auf klare, große Techniken zu achten. Die Kata darf nicht zu schnell vorgetragen werden.
Bereits jetzt sollte der Übende das Gefühl für den Raum entwickeln, in dem die Kata – der Kampf – stattfindet. Der Hammerschlag (4. Zeit) wird nur in der großen Form – das heißt als Abwehr gegen einen mit 2 Händen fassenden Gegner – gezeigt. Es gibt auch die kleinere Form, bei der man sich von nur 1 Hand befreit und bei der der Fuß in einen vollen Zenkutsu-Dachi vorgesetzt wird. Bei der Einübung der Kata kann es – bis hin zum Gelbgurt – empfehlenswert sein, die Hand vor dem Age-Uke nicht öffnen zu lassen; viele Anfänger öffnen sonst unkontrolliert beide Hände. Später ist es problemlos, die Hand in einer kontrollierten Aktion öffnend zu strecken.
Die Kata hat 21 Stellungen (= Zeiten) und wird in etwa 40 Sekunden vorgeführt.

Ausgangsstellung nach dem Angrüßen.
Shizentai in Hachiji-Dachi.

Wendung nach links in Zenkutsu-Dachi
mit Gedan-Barai

1

Erklärung:

Abwehr eines Angriffes mit Mae-Geri

Gegenangriff mit Oi-Zuki rechts in Zenkutsu-Dachi

2

Erklärung:

Gegenangriff

Übergang in der Wendung vom Oi-Zuki zum Gedan-Barai

Gedan-Barai rechts
in Zenkutsu-Dachi
(Erklärung siehe 1. Zeit)

3

4

Tettsui-Uchi
»Hammerschlag«
in leicht geöffneter
Stellung

Erklärung:

Befreiung aus
einem Doppelhandgriff
durch Herausreißen mit Gegenangriff

Gegenangriff mit Oi-Zuki
in Zenkutsu-Dachi

5

Wendung nach links ins Zenkutsu-Dachi mit Gedan-Barai

6

Block des Jodan-Angreifenden mit Age-Uke mit der Handkante im Beginn des Vorgehens

Erklärung:

Fassen des Angreifers mit dem linken Arm und Brechen des Arms mit dem rechten Age-Uke

Age-Uke rechts im Zenkutsu-Dachi

7

8

Age-Uke links in Zenkutsu-Dachi.
Obwohl die Anspannungszeit sehr kurz sein kann und der Übergang zur nächsten Stellung fast fließend ist, soll sie nicht »überlaufen« werden.

Age-Uke rechts in Zenkutsu-Dachi mit Kiai.
Deutlich längere Anspannungszeit als bei den übrigen Techniken.

K

9

Übergang in der Wendung vom Age-Uke zum Gedan-Barai links. Es ist besonders auf schulterbreite Stellung zu achten.

Gedan-Barai links in Zenkutsu-Dachi

10

Oi-Zuki rechts in Zenkutsu-Dachi

11

⑪

Wendung in Gedan-Barai rechts
in Zenkutsu-Dachi

⑫

Oi-Zuki links in Zenkutsu-Dachi

⑬

(14)

Wendung mit Gedan-Barai links
in Zenkutsu-Dachi

gleiche Stellung
von der rechten
Seite gesehen

Angriff mit Oi-Zuki rechts
in Zenkutsu-Dachi

(15)

obige Stellung
von der rechten
Seite gesehen

Angriff mit Oi-Zuki links
in Zenkutsu-Dachi

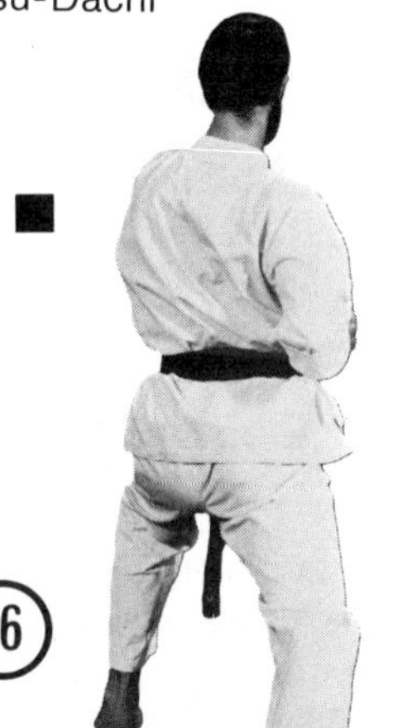

(16)

obige Stellung
von der rechten
Seite gesehen

Angriff mit Oi-Zuki rechts mit Kiai
in Zenkutsu-Dachi.
Besonders starke Anspannung mit
längerer Haltezeit.

K

gleiche Stellung
von der rechten
Seite gesehen

17

Übergang zur Wendung mit
Shuto-Uke in Kokutsu-Dachi.
Die Blickwendung soll früh
erfolgen, die Endstellung
Kokutsu-Dachi genau auf einer
Linie sein und das Gewicht
hauptsächlich auf dem hinteren
Bein liegen.

18

Abwehr mit Shuto-Uke
in Kokutsu-Dachi links

Erklärung:

Angriff Chudan Oi-Zuki, Abwehr von innen mit Shuto-Uke links

Gegenangriff mit Shuto-Uchi rechts (oder Abwehr Shuto-Uke rechts) in Kokutsu-Dachi.
Stellung im Winkel von 45° zur Grundebene.

Erklärung:

Gegenangriff mit Shuto-Uchi in den ersten Gegner beziehungsweise (hier nicht gezeigt) Abwehr eines zweiten Gegners, der von rechts kommt.

19

Abwehr Shuto-Uke rechts in Kokutsu-Dachi
(Erklärung wie zuvor)

(20)

Gegenangriff oder Abwehr mit
Shuto-Uchi oder Shuto-Uke in
Kokutsu-Dachi rechts.
Stellung im Winkel von 45° zur Grundebene (Erklärung wie zuvor)

(21)

Endstellung Shizentai in Hachiji-Dachi unter Bewahrung von Zanshin (das heißt etwa 3 Sekunden wachsame Bereitschaft, ohne die Haltung zu lösen)

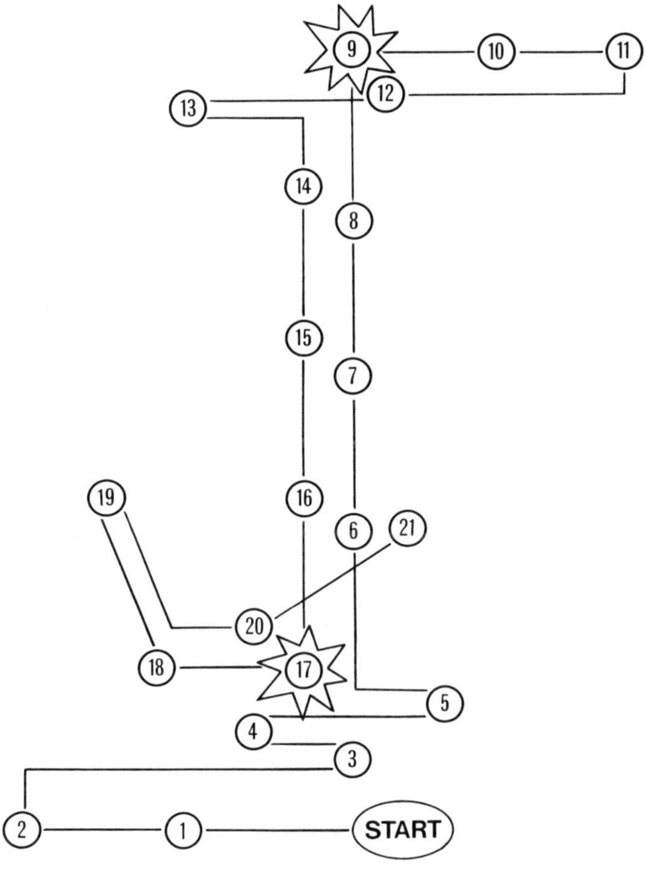

Schrittdiagramm (Embu-sen) der 1. Kata. Aus zeichentechnischen Gründen liegen Start- und Zielpunkt nicht (wie vorgeschrieben) zusammen. Das Zeichen  markiert den Kiai.

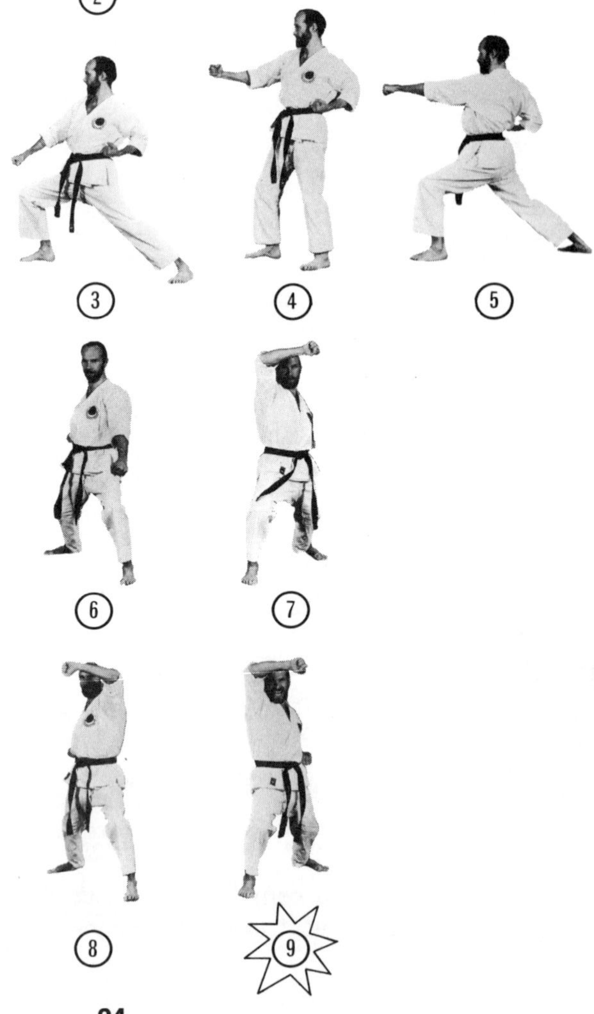

Fotomäßiger Ablauf
der 21 Positionen
der 1. Kata

10

11

12

13

14

15

16

17

18

19

20

21

2. Kata:
HEIAN NIDAN

Anmerkungen

Die 2. Kata stellt gegenüber der 1. eine deutliche Steigerung hinsichtlich des Schwierigkeitsgrads dar. Techniken auf 1 Bein, mehrere Techniken in 1 Stellung sowie Gegen(Gyaku-)techniken sind die neu hinzukommenden Anforderungen.
Der Wechsel von den Stellungen Zenkutsu-Dachi zu Kokutsu-Dachi wird verstärkt; die Fußtechniken werden häufig eingesetzt.
Die Schwierigkeiten liegen vor allem in den ersten Techniken im Kokutsu-Dachi und den Rückkombinationen mit Mae-Geri. Vor allem diese ersten Techniken sollten einmal vor dem Spiegel geübt werden, um das Körpergefühl zu verbessern.
Auch diese Kata soll fest und sauber vorgetragen werden, wenn auch der Rhythmus spürbar wichtiger (und natürlich auch schwieriger) geworden ist.
Die Kata hat 26 Stellungen und wird in etwa 40 Sekunden vorgeführt.

Ausgangsstellung Shizentai in Hachiji-Dachi

Erklärung:

Angriff von links mit Jodan-Oi-Zuki zur Seite blocken

(2)

Jodan-Doppelarmblock in Kokutsu-Dachi.
Der linke Arm wird soweit zurückgeführt, daß der Angriff am Kopf vorbeigeht. Der rechte Arm liegt an der Stirn.

(1)

Erklärung:

Angriff desselben Gegners mit Jodan-Gyaku-Zuki abwehren und gegenangreifen

Gleichzeitige Abwehr mit Gegenangriff.
Der linke Arm führt den Angriff des Gegners zum Kinn mit Nagashi-Uke vorbei; gleichzeitig schlägt der rechte Arm mit Tettsui-Uchi (»Hammerschlag«) auf den Ellbogen.

Uke-Zuki mit links in Kokutsu-Dachi. Der Uke-Zuki soll gleichzeitig einen Chudan-Angriff abwehren und selbst als Chudan-Zuki wirken (siehe unten).

Erklärung:

Angriff Chudan-Kizami-Zuki von links, Abwehr Uke-Zuki mit Gegenangriff

Erklärung: Ausschnitt von unten gesehen

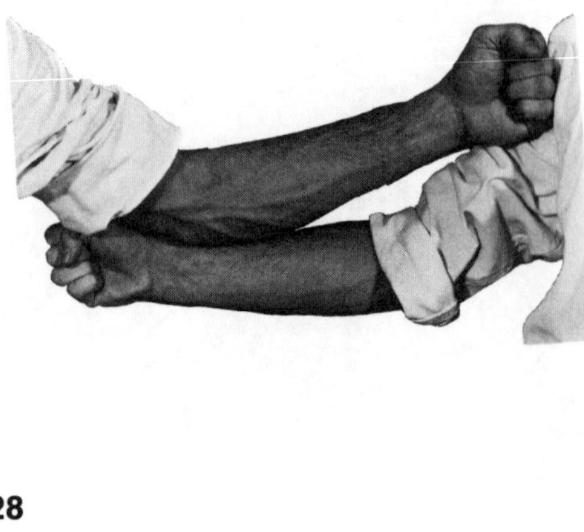

Durch das Ausstellen des Ellbogens beim Tsuki wird der Angriff gleichzeitig zur Seite geblockt.

Ausholbewegung zur nächsten Technik.
Damit die nächste Abwehr stark ausfallen kann, muß erst die Ausholbewegung erfolgen, um dann *mit* der Hüftbewegung die Abwehr auszuführen.

4

Jodan-Doppelarmblock
in Kokutsu-Dachi rechts

5

gleichzeitig Nagashi-Uke mit
Tettsui-Uchi (Erklärung wie bei Zeit 2)

6

Uke-Zuki rechts in Kokutsu-Dachi

Ausholbewegung zum Yoko-Geri.
Zweck des Heranziehens des linken Beines ist, den Schwerpunkt abzustützen, um Yoko-Geri treten zu können. Der Abstand der Füße beträgt etwa 30 cm.
Falsch ist daher ein Aufstehen in der Form, daß beide Füße zusammenstehen!
Gleichzeitig mit dem Heranziehen erfolgen die Blickwendung und das Ausholen mit dem rechten Arm.

7

Yoko-Geri mit Ura-Ken rechts.
Der Yoko-Geri wird in einer Zwischenform von Keage und Kekomi getreten: nicht so schnell, daß die Wirkung nicht deutlich wird, und nicht so lange arretiert, daß der Fluß der Kata unterbrochen wird.

gleiche Stellung wie oben, von der linken Seite gesehen

Erklärung:

gleichzeitige Abwehr eines Jodan-Oi-Zuki mit Ura-Ken und Gegenangriff mit Yoko-Geri

Absetzbewegung zum Shuto-Uke.
Nach dem Yoko-Geri muß sehr frühzeitig – noch in der Luft (bevor man umfällt!) – zum Shuto-Uke ausgeholt werden.
Dabei wird auch der Yoko-Geri bis zum Knie zurückgezogen, um Absetzen und Abwehr gleichzeitig ausführen zu können.

gleiche Bewegung wie oben, von der linken Seite gesehen

8

Abwehr Shuto-Uke in Kokutsu-Dachi links

Shuto-Uke in Kokutsu-Dachi rechts

9

10

Shuto-Uke
in Kokutsu-Dachi
links

11

Übergang vom Shuto-Uke zum Nukite. Die vordere Hand macht eine Abwehrbewegung, und die hintere Hand stößt, ohne auszuholen, vom Bauch aus Nukite.
Beim Vorgehen achte man darauf, nicht mit der Hüfte hochzukommen.

Nukite in Zenkutsu-Dachi mit Kiai.
Der linke Arm, der abgewehrt hat, stützt den rechten Arm – Handinnenfläche nach unten – unter dem Ellbogen ab.

Stellung 11 von der linken Seite gesehen

Erklärung:

Im Vorgehen wird der Oi-Zuki des Angreifers mit Otoshi-Uke nach unten gedrückt.

Erklärung:

Über den Angriff, der weggedrückt wurde, wird Nukite gestoßen.

Shuto-Uke in Kokutsu-Dachi links. Ausholbewegung und Erklärung entsprechend den gleichen Techniken in der 1. Kata.

12

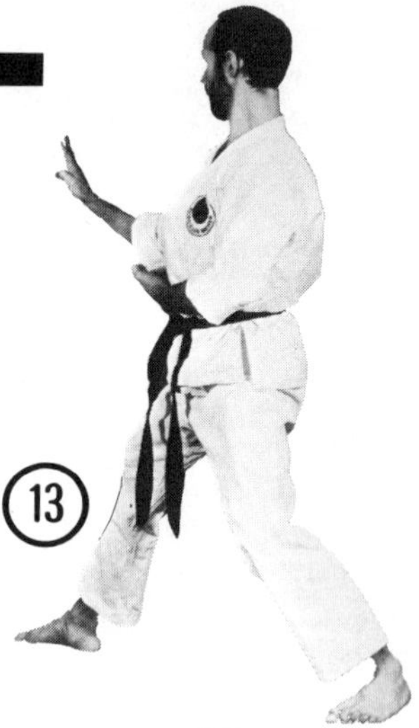

13

Shuto-Uke in Kokutsu-Dachi rechts. Stellung im Winkel von 45° zur Grundebene.

14

Shuto-Uke in Kokutsu-Dachi rechts

15

Shuto-Uke in Kokutsu-Dachi links. Stellung im Winkel von 45° zur Grundebene.

Ausholbewegung zum Gyaku-Uchi-Ude-Uke rechts

Die alte Form dieser Bewegung, bei der mit der rechten Hand ein Gedan-Haito-Uke gegen Mae-Geri ausgeführt wurde, wird heute nicht mehr praktiziert.

Stellung 16 von der linken Seite aus gesehen

16

Gyaku-Uchi-Ude-Uke rechts in Zenkutsu-Dachi.
Hierbei ist vor allem die Hüftarbeit – also Vordrücken und Eindrehen – zu betonen.

Erklärung:

Abwehr eines mit Chudan-Oi-Zuki angreifenden Partners

Mae-Geri
Chudan rechts.
Um gleichzeitig mit dem Gyaku-Zuki absetzen zu können, muß der Mae-Geri gut zurückgeschnappt werden.

(17)

nebenstehende Technik von der linken Seite aus gesehen

Erklärung:

Der abgewehrte Gegner wird mit Mae-Geri angegriffen.

(18)

Gyaku-Zuki links
in Zenkutsu-Dachi

untenstehende Technik von der linken Seite aus gesehen

Erklärung:

Zusätzlich zum Mae-Geri erfolgt noch ein Gyaku-Zuki-Gegenangriff.

Aushol-
bewegung zum
Gyaku-Uchi-Ude-Uke.

Es gibt zwei Formen: Bei der normalerweise heute ausgeübten Form wird beim Uchi-Ude-Uke die Hüfte extrem vor- und heruntergedrückt.
In der früheren Form, die noch durchaus vertretbar ist, wird durch den Schwung der eindrehenden Hüfte das vordere Bein etwas zurückgezogen. Wichtig (und schwierig) ist dabei, daß das Zurückziehen nur das Ergebnis der Hüftarbeit ist, nicht aber ein künstlich erzeugter Effekt!

untenstehende Stellung von der linken Seite aus gesehen

Erklärung:

Ein neuer Gegner greift an und wird vor dem folgenden Gegenangriff abgewehrt.

19

Gyaku-Uchi-Ude-Uke links in Zenkutsu-Dachi.

Vom Rhythmus der Kata her gehört diese Technik zu dem folgenden Mae-Geri. Die alte Form – sie zum Gyaku-Zuki zu ziehen – ergibt keinen Sinn.

Erklärung der Techniken wie bei den Zeiten 17 und 18

nebenstehende Technik von der linken Seite aus gesehen

20

Mae-Geri Chudan links

Erklärung:

Gegenangriff gegen den vorher abgewehrten Gegner

untenstehende Technik von der linken Seite aus gesehen

21

Gyaki-Zuki rechts in Zenkutsu-Dachi

Erklärung:

nachfolgender Gegenangriff gegen den gleichen Gegner

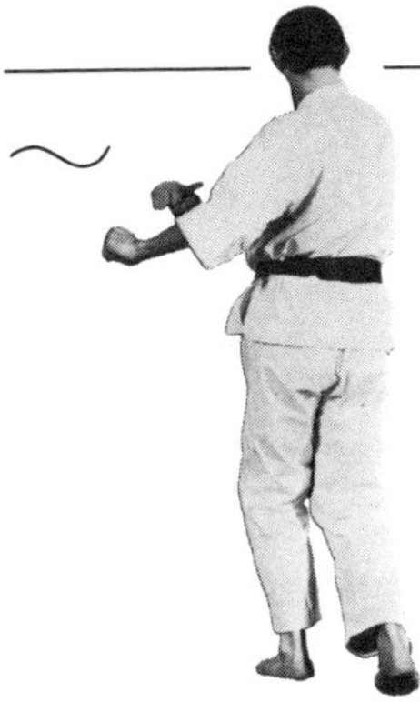

Ausholbewegung zum
Morote-Uchi-Ude-Uke

nebenstehende Bewegung von der linken Seite aus gesehen

nebenstehende Stellung von der linken Seite aus gesehen

(22)

Erklärung:

Ein sehr starker (schwerer) Gegner wird mit Unterstützung der anderen Hand mit Uchi-Ude-Uke abgewehrt.

Morote-Uchi-Ude-Uke rechts in Zenkutsu-Dachi.
Die Technik ist sehr stark und rasant auszuführen, fast wie zu einem Kiai. Die linke Faust stützt mit dem Hand*ballen* – nicht den Knöcheln – ab. Wie in allen Abwehrstellungen ist die Hüfte 45° abgedreht (Hanmi)!

Abwehr Gedan-Barai links
in Zenkutsu-Dachi.
Hierbei kann der Zenkutsu-Dachi sehr schmal ausgeführt werden, wegen der folgenden Bewegung in eine 45°-Stellung.

(23)

Die Erklärungen der folgenden Techniken entsprechen denen der 1. Kata.

Vorgehen in Age-Uke. Dabei wird der Gegner vorgeblockt, um eventuell mit Age-Uke den Arm zu brechen.

(24)

Age-Uke rechts in Zenkutsu-Dachi. Bei der Stellung beträgt der Winkel zur Grundebene 45°.

25

Wendung in die Abwehr mit Gedan-Barai rechts in Zenkutsu-Dachi

Vorgehen mit Vorblocken

26

Age-Uke in Zenkutsu-Dachi links mit Kiai. Stellung im Winkel von 45° zur Grundebene.

Endstellung in Shizentai

1
2
3
4
5
6
7
8
9
10
11
12
13
14
15

Fotomäßiger Ablauf der 26 Positionen der 2. Kata

16

17

18

19

20

21

22

23

24

25

26

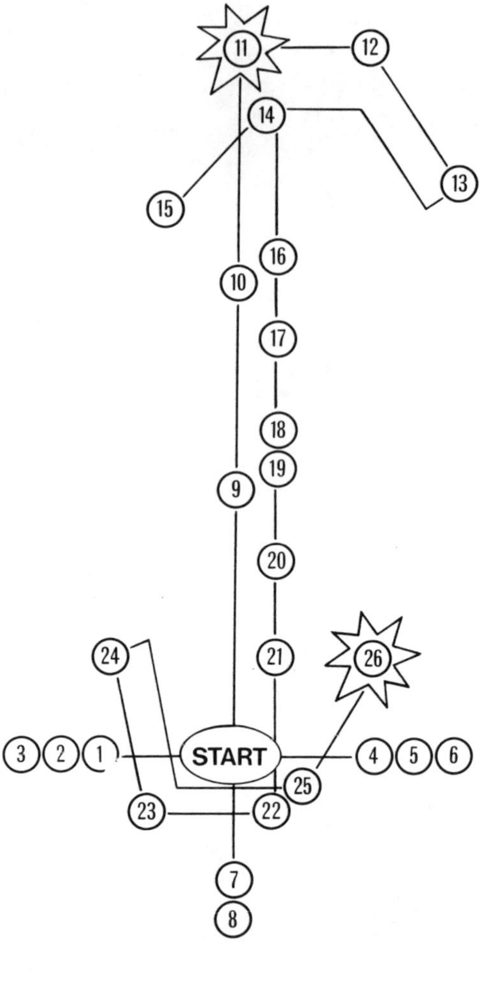

Schrittdiagramm der 2. Kata
(Erklärungen siehe 1. Kata)

3. Kata:
HEIAN SANDAN

Anmerkungen

In der 3. Kata kommt eine neue Stellung – Kiba-Dachi – hinzu, die auch sofort intensiv eingesetzt wird. Da sie erfahrungsgemäß den meisten etwas schwerfällt, kommt ihrem Training und ihrer sorgfältigen Anwendung hier besondere Bedeutung zu.
Mit anderen Worten: Wer den Kiba-Dachi in dieser Kata schlecht ausführt, hat eine wichtige Aufgabe dieser Kata nicht erfüllt.

In der 3. Kata werden sehr viele kleine, ungewöhnliche und ungewöhnlich kombinierte Techniken verlangt, die die Vorführung erschweren und den Zugang zu dieser Kata erst durch intensive Beschäftigung mit ihr möglich machen. Im einzelnen wird im Text darauf eingegangen.
In der Vorführung als Tokui-(Kür)-Kata ist sie besonders kleineren Karateka zu empfehlen.
Die Kata umfaßt 20 Stellungen und wird in etwa 38 Sekunden vorgeführt.

Ausgangsstellung in Shizentai mit Hachiji-Dachi

(1)

Abwehr Uchi-Ude-Uke links
in Kokutsu-Dachi

Erklärung:

Angriff Chudan-Oi-Zuki von links, Hineingehen in den Angriff

Erklärung:

Aufstehen mit Strecken des rechten Armes (ohne Kime) zum Doppelblock, Uchi-Ude-Uke links und Gedan-Uke rechts

Ein Gegner, der mit einem Doppelfauststoß angreift, wird gleichzeitig abgewehrt. Die Abwehr kann auch gegen 2 gleichzeitig angreifende Gegner angewandt werden.

Ausholbewegung zur nächsten Technik.
Um wirklich abwehren zu können, muß man ausholen; das heißt, die Ellbogen beider Arme kommen fast zusammen, bevor der nächste Doppelblock ausgeführt wird.
Bei der Abwehrbewegung geht jeweils der aufwärtsgehende Arm (Uchi-Ude-Uke) außen hoch, während der Gedan-Uke innen heruntergeführt wird.

2

Doppelarmblock
(Uchi-Ude-Uke rechts,
Gedan-Uke links)

nebenstehende
Technik von
der rechten Seite
aus gesehen

Ausholbewegung
zum nächsten Block

3

Doppelarmblock
(Uchi-Ude-Uke links,
Gedan-Uke rechts)

Uchi-Ude-Uke in Kokutsu-Dachi rechts

Aufstehen mit Strecken des linken Armes (ohne Kime) in den Doppelblock

Doppelblock (wie Zeit 3)

Doppelblock (wie Zeit 2)

Ausholbewegung zum Morote-Uchi-Ude-Uke.
(Um kräftig abwehren zu können, muß man frühzeitig im Stand ausholen.)

nebenstehende Bewegung von der linken Seite aus gesehen

Morote-Uchi-Ude-Uke links in Kokutsu-Dachi

nebenstehende Stellung von der linken Seite aus gesehen

Vorgehen mit der Aushol-(Abwehr-)bewegung zum Nukite (Erklärung siehe Stellung 11 in der 2. Kata)

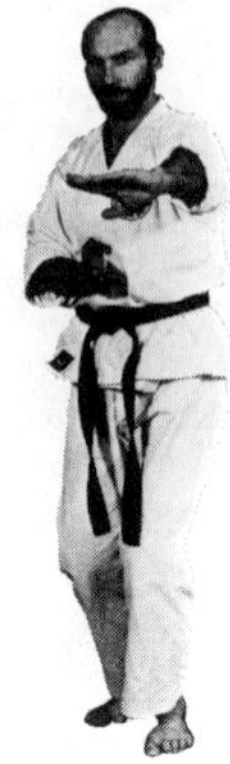

nebenstehende Bewegung von der linken Seite aus gesehen

8

Gegenangriff mit Nukite rechts in Zenkutsu-Dachi

nebenstehende Technik von der linken Seite aus gesehen

Beginn der Eindrehbewegung
zum Tettsui-Uchi

nebenstehende Bewegung
von der linken Seite aus
gesehen

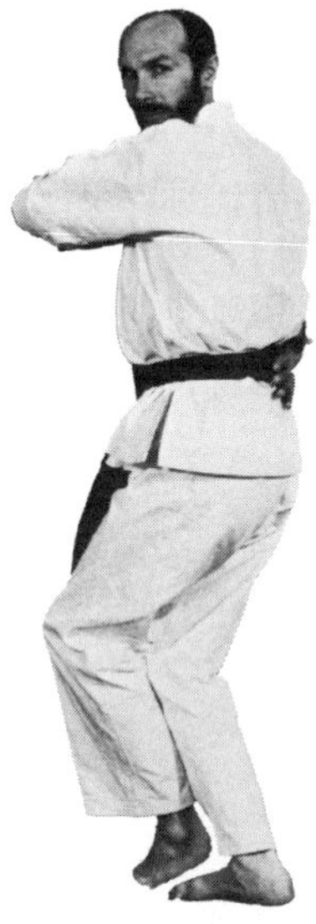

Fortsetzung der
Eindrehbewegung.
Der linke Arm löst sich
aus der rechten Ellbeuge
und holt zu Tettsui-Uchi aus.

9

Tettsui-Uchi links in Kiba-Dachi

nebenstehende Technik von der
linken Seite aus gesehen

Erklärung siehe nächste Seite

Erklärung zur Technik Tettsui-Uchi (Stellung 9)

Der Gegner faßt mit beiden Händen die vorangegangene Nukite-Technik

Der Gegner zieht am Arm.
(Für das Verständnis der Bewegung ist wichtig, daß die Aktion vom Gegner ausgeht!)
Der Verteidiger beginnt, sich unter Eindrehen des eigenen Armes – entlang dem Zug des Gegners – in den Gegner hineinzudrehen.

Unter Fortsetzen der Eindrehbewegung holt der Verteidiger zum Gegenangriff Tettsui-Uchi aus.

Endphase:
Der Verteidiger hat sich ganz in den Zug des Gegners eingedreht und den Gegenangriff ausgeführt.
Dabei ist es nicht entscheidend, ob er sich aus dem Griff gelöst hat oder nicht.

10

Gegenangriff Oi-Zuki
in Zenkutsu-Dachi mit Kiai

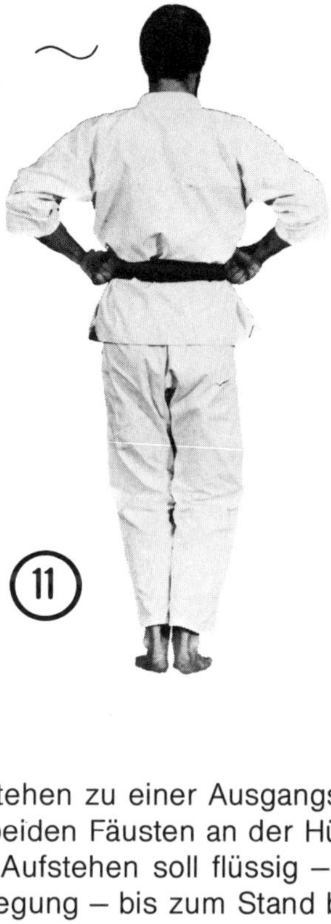

11

Aufstehen zu einer Ausgangsstellung mit beiden Fäusten an der Hüfte. Das Aufstehen soll flüssig – in *einer* Bewegung – bis zum Stand bei völlig geschlossenen Füßen erfolgen.

nebenstehende Stellung von der linken Seite aus gesehen

Abwehr eines Jodan-Oi-Zuki mit Mika-Zuki-Geri rechts.

Diese Abwehrform wurde durch Kanazawa bei uns eingeführt. Die einfachere Form, bei der man – ohne vorherige Abwehr – nur mit Fußheben – zum Stampfschritt (Fumikomi) kommt, ist ebenfalls möglich.

Erklärung:

Ein Gegner greift mit Fauststoß an und wird durch das seitliche Schlagen mit der Fußsohle abgewehrt.

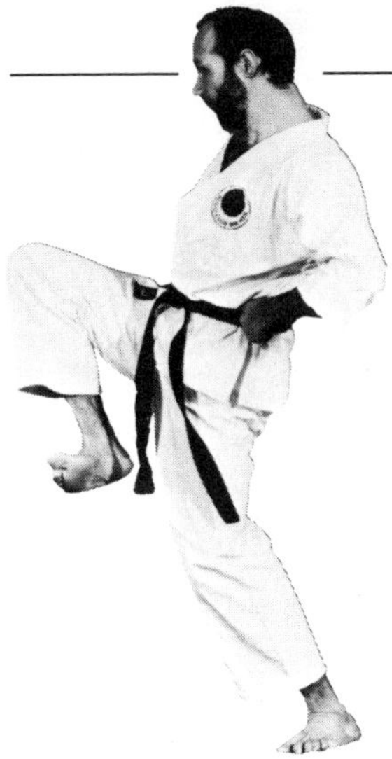

Anmerkung: Alle drei Bilder stellen Ansichten von der linken Seite dar.

Nach dem Mikazuki-Geri wird der Fuß weiter zurückgeführt, während der Körper mit der Absetzbewegung beginnt.

In der letzten Phase des Absetzens wird der Fuß auf dem Weg von oben zum Boden zum Stampfschritt beschleunigt.

Gleichzeitig mit dem Absetzen in Kiba-Dachi mit dem Stampfschritt (Fumikomi) erfolgt eine Ellbogenabwehr (Empi-Uke).

Empi-Uke (Ellbogenabwehr) rechts in Kiba-Dachi
mit gleichzeitigem Stampfschritt (Fumikomi)

12

Erklärung:

Abwehr eines Gyaku-Zuki mit dem Ellbogen (Empi-Uke)

Erklärung:

Gegenangriff Tate-Uraken.

Es ist unbedingt auf die Ausführung als *Tate*-Uraken zu achten, da man sonst am Arm des Gegners hängenbleibt.

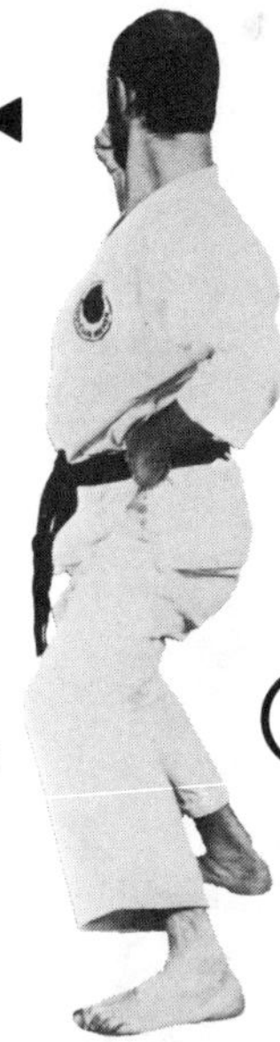

13

Tate-Uraken rechts in Kiba-Dachi. Der Uraken wird sofort zur Hüfte zurückgeschnappt.

nebenstehende Technik von der linken Seite aus gesehen

Anmerkung: Die folgenden Techniken entsprechen in Seitenansicht und Erklärung den Techniken 12–13 seitenversetzt.

Mikazuki-Geri links

Absetzen in Kiba-Dachi mit Fumikomi und gleichzeitig Empi-Uke links

Tate-Uraken in Kiba-Dachi links

Anmerkung: Die folgenden Techniken entsprechen in Seitenansicht und Erklärung den Techniken 12–13.

Mikazuki-Geri rechts

(16)

Absetzen in Kiba-Dachi mit Fumikomi und gleichzeitigem Empi-Uke rechts

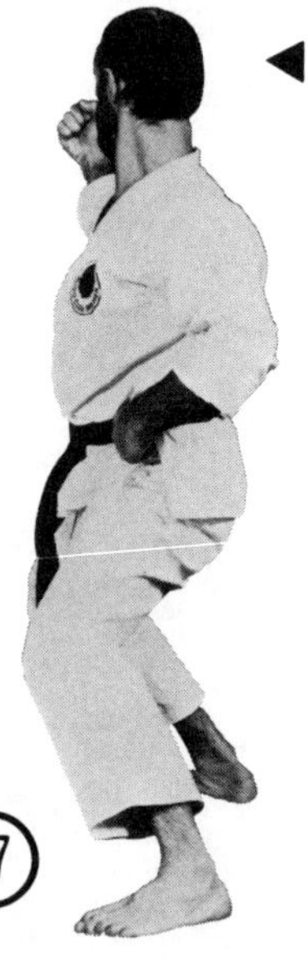

(17)

Tate-Uraken in Kiba-Dachi rechts

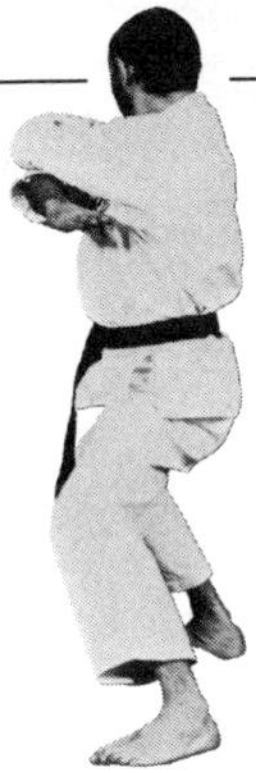

Ausholbewegung zum Tate-Shuto-Uke.
Die Ausholbewegung kann in dieser Form oder über dem Arm oder ganz ohne Benutzung des linken Arms ausgeführt werden.
Die Ausholbewegung beginnt schnell bis unter den Arm und wird dann unter steigender Spannung langsam zu Ende geführt.

Seitenansicht der Ausholbewegung von links

Seitenansicht des Tate-Shuto-Uke von links

Tate-Shuto-Uke in Kiba-Dachi rechts

Erklärung:

Abwehr eines Oi-Zuki von innen

Gegenangriff mit Oi-Zuki in Zenkutsu-Dachi links. Durch die Anspannung in der Vortechnik wird der Oi-Zuki besonders stark ausgeführt.

18

Seitenansicht des Oi-Zuki links

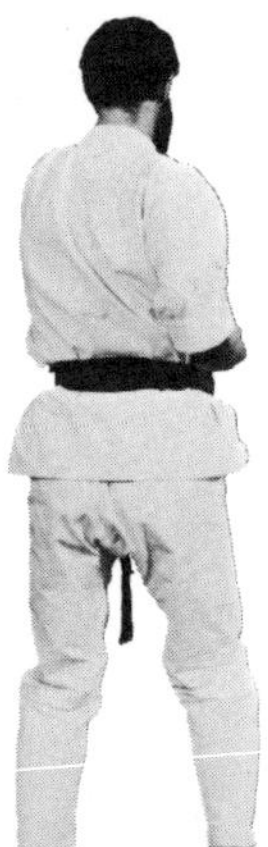

19

Wendung vom Oi-Zuki in Zenkutsu-Dachi in den Doppelstoß mit Jodan-Mawashi-Zuki (rechts) und Chudan-Ushiro-Empi (links) in Kiba-Dachi.

Für die Wendung wird der rechte Fuß schulterbreit neben den linken vorderen Fuß gesetzt, um dann um den rechten Fuß herum in Kiba-Dachi zu drehen.

Erklärung:

Ein Gegner umfaßt den Verteidiger von hinten um beide Arme.

Der Verteidiger rutscht in die tiefere Stellung des Kiba-Dachi und führt gleichzeitig zum Kopf und Bauch einen Gegenangriff aus.

20

Doppelstoß Jodan-Mawashi-Zuki (links) und Chudan-Ushiro-Empi (rechts) in Kiba-Dachi mit Kiai!

Der Stoß wird unter gleichzeitigem Rutschen im Kiba-Dachi nach rechts ausgeführt. Dabei beginnt das Rutschen durch Abdrücken vom linken Bein; das heißt, daß das rechte Bein sich zuerst bewegt.

Heranziehen des rechten Fußes zur Endstellung in Shizentai

1

2

3

4

5

6

7

8

9

10

11

12

13

14

15

16

17

18

19

20

Fotomäßiger Ablauf der 20 Positionen der 3. Kata

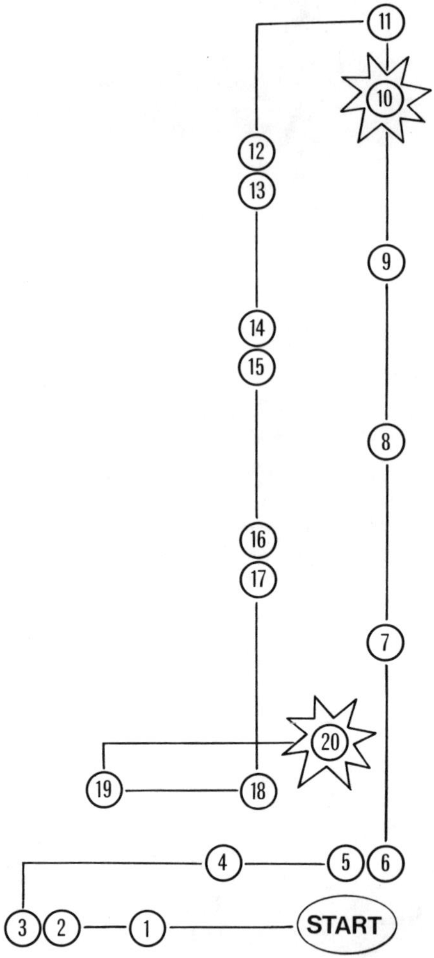

Schrittdiagramm der 3. Kata
(Erklärung siehe 1. Kata)

4. Kata:
HEIAN YONDAN

Anmerkungen

Die 4. Kata ist eine der schwierigsten der Heian-Reihe. Während in der folgenden 5. Kata starke explosive Techniken mit kämpferischem Einsatz vorherrschen, die jedem, der sich intensiv mit Kata beschäftigt, relativ leicht gelingen, verlangt die 4. Kata einen eleganten, technisch hervorragenden Vortrag.

Merkmale dieser Kata sind: häufiger Wechsel von Kokutsu-Dachi zu Zenkutsu-Dachi und Wechsel zwischen langsamer, spannungaufbauender und explosiver, starker Technik.
Nur wer den Rhythmus der Kata zu beherrschen lernt, indem er richtig mit der Spannung in ihr arbeitet, wird einen guten Vortrag erreichen.
Die Kata beinhaltet 27 Stellungen und ist in etwa 45 Sekunden vorzuführen.

Ausgangsstellung Shizentai
in Hachiji-Dachi

Ausholbewegung zum Doppelblock; als seitliche Gedanabwehr; schnell, aber ohne Kime.

Erklärung:

Abwehr eines Jodan-Oi-Zuki von der Seite mit gleichzeitiger Ausholbewegung der rechten Hand (beispielsweise für Shuto-Uchi)

~

①

Doppelblock mit Haishu-Uke (linker Arm) und Jodan-Kamae (oder Age-Uke) (rechter Arm) in Kokutsu-Dachi. Nach der schnellen Ausholbewegung erfolgt die Abwehrbewegung langsam und fließend, mit einem Atemzug über etwa 3 Sekunden. Im Endpunkt ist eine starke Anspannung, aber völlig ruckfrei!

Ausholbewegung zum Doppelblock

(2)

Doppelblock (wie Zeit 1) in Kokutsu-Dachi

Erklärung:

Der Abwehrende muß sehr früh und stark in den Mae-Geri-Angriff hineingehen; daher erfolgt keine gesonderte Aucholbewegung.

Ausholbewegung zum Gedan-Juji-Uke. Die Hände werden direkt von oben aus dem Doppelblock in den Juji-Uke herabgezogen.

Erklärung:

Der Mae-Geri-Angriff muß noch vor der Streckung des angreifenden Beines geblockt werden!

Abwehr mit Gedan-Juji-Uke in Zenkutsu-Dachi

3

nebenstehende Technik von der linken Seite aus gesehen

Ausholbewegung zum
Morote-Uchi-Ude-Uke

Erklärung:

Block eines mit Chudan-Oi-Zuki angreifenden Gegners von innen

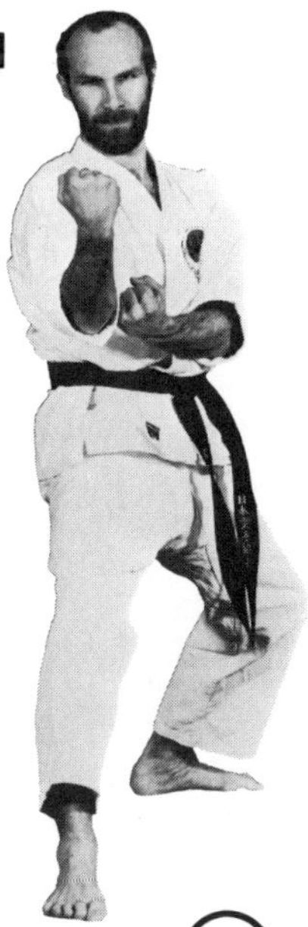

Abwehr mit Chudan-Morote-Uchi-Ude-Uke
in Kokutsu-Dachi rechts

4

Ausholbewegung zum Yoko-Geri. Dabei wird das linke Bein zügig bis zum Stand vorgezogen, bevor es von dort zum Yoko-Geri gehoben wird. Die Hände vollführen gleichzeitig eine Ausholbewegung zur rechten Hüfte; der Blick geht zum neuen Gegner.

5

Erklärung:

Der mit Jodan-Oi-Zuki angreifende Gegner wird gleichzeitig mit Uraken abgewehrt und mit Yoko-Geri angegriffen.

Jodan-Yoko-Geri mit Chudan-Uraken. Zuerst wird der Yoko-Geri zurückgeschnappt, dann in die offene Hand mit dem Empi abgesetzt (siehe folgende Bilder). (Ob Keage oder Kekomi: vergleiche Text zur 7. Stellung in der 2. Kata)

6

Absetzbewegung nach dem Yoko-Geri zum Empi. Die linke Faust öffnet sich als Ziel für den Empi.

Gegenangriff Gyaku-Mae-Empi in Zenkutsu-Dachi

7

8

Aufstehen und Ausholbewegung zum Yoko-Geri rechts

9

Yoko-Geri mit Uraken rechts (wie Stellung 6)

Gegenangriff Gyaku-Mae-Empi links in Zenkutsu-Dachi

10

Seitenansicht des Empi mit der rechten Hand davor, von der linken Seite aus

Seitenansicht der Ausholbewegung von der linken Seite aus

Erklärung:

Ein Chudan-Mae-Geri wird – sehr tiefstehend – zur Seite geblockt.

Abwehr Gedan-Shuto-Uke mit gleichzeitiger Ausholbewegung der rechten offenen Hand hinter dem Kopf.

In der langsameren europäischen Form wird nach dieser Abwehr ein kurzer Moment der Anspannung eingefügt. In der japanischen Form wird diese Abwehr mit der nächsten zu einer fließenden Bewegung zusammengezogen. Beide Formen sind möglich.

11

gleichzeitiger Gegenangriff mit Jodan-Shuto-Uchi und Age-Uke (mit offener Hand) – Abwehr in Zenkutsu-Dachi

nebenstehende Technik von der linken Seite aus gesehen

Erklärung:

Nach dem Mae-Geri-Angriff setzt der Gegner mit Jodan-Oi-Zuki ab. Dabei wird er sowohl mit Age-Uke abgewehrt als auch mit Shuto-Uchi gegenangegriffen.
Hierbei entsteht ein unterschiedlicher Winkel im Oberkörper, der gerade nach vorn zeigt, und der Stellung Zenkutsu-Dachi (45° links vor).

Gegenangriff mit Mae-Geri

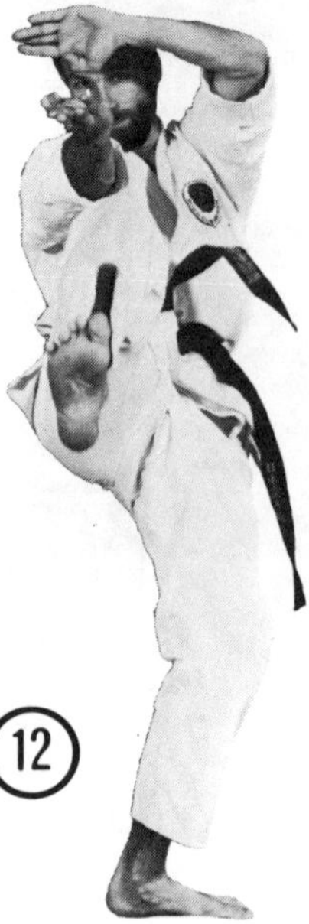

(12)

Seitenansicht des Mae-Geri

Erklärung:

Der Gegenangriff wird mit Mae-Geri-Chudan fortgesetzt.

Im Absetzen nach dem Mae-Geri wird ein Angriff des Gegners mit der linken Handfläche nach unten gedrückt, während die rechte Hand über dem Kopf zum Uraken ausholt.

Seitenansicht der Ausholbewegung

Erklärung:

gleichzeitige Abwehr eines Chudan-Zuki mit Ausholbewegung zum Uraken

Gegenangriff mit Chudan-Uraken in Kosa-Dachi mit Kiai!
(Kosa-Dachi: Der rechte Fuß steht gerade, der linke 45° dahinter; das linke Knie stützt gegen die rechte Wade.)

13

Seitenansicht des Uraken

Erklärung:

mit Chudan-Uraken in den Gegner hereingehen

Ausholbewegung zum Kakiwake-Uke.
Das Hereingehen in die Ausholbewegung erfolgt zügig, aber nicht überhastet. Bei der Stellung ergibt sich ein Winkel von 45° zur Grundlinie.

Erklärung:

Der Verteidiger wird von hinten gefaßt (gewürgt) und geht mit gekreuzten Armen zwischen die Arme des Angreifers.

Erklärung:

Der Angreifer wird gerade soweit nach außen gedrückt, daß er mit dem folgenden Mae-Geri angegriffen werden kann.

(14)

Kakiwake-Uke in Kokutsu-Dachi links. Die Abwehr wird in etwa 3 Sekunden nach außen gedrückt. Dabei drehen die Unterarme von der Ausholstellung (Innenseite zum Gesicht) nach außen (Innenseite weg vom Körper).

Mae-Geri-Keage rechts

15

nebenstehende Technik
von gegenüber gesehen

Erklärung:

Der durch den Block gelöste Gegner wird mit Mae-Geri angegriffen.

Absetzen mit Choku-Zuki in Zenkutsu-Dachi rechts. (Der Tsuki wird nicht ausgeholt, sondern direkt aus dem Kakiwake-Uke gestoßen.)

16

Gyaku-Zuki im Stand (Zenkutsu-Dachi)

17

Umsetzen zur Ausholbewegung zum Kakiwake-Uke, 45° zur Grundlinie

18

Kakiwake-Uke in Kokutsu-Dachi rechts

Mae-Geri-Keage links

19

20

Absetzen mit Choku-Zuki
in Zenkutsu-Dachi links

21

Gyaku-Zuki im Stand
(Zenkutsu-Dachi)

Umsetzen in Kokutsu-Dachi mit Ausholbewegung zum Morote-Uchi-Ude-Uke

nebenstehende Bewegung von der rechten Seite aus gesehen

22

Morote-Uchi-Ude-Uke in Kokutsu-Dachi links

nebenstehende Technik von der rechten Seite aus gesehen

Morote-Uchi-Ude-Uke
in Kokutsu-Dachi rechts

nebenstehende Technik
von der rechten Seite aus
gesehen

23

24

Morote-Uchi-Ude-Uke
in Kokutsu-Dachi links

nebenstehende Technik
von der rechten Seite aus
gesehen

◀

Umsetzen mit dem vorderen Fuß in Zenkutsu-Dachi. Gleichzeitiges Ausstrecken der geöffneten Hände zum Kopf (kopfbreit geöffnet, keinesfalls breiter).
In der japanischen Form wird der Fuß nicht zum Zenkutsu-Dachi umgesetzt, sondern nur das hintere Bein in Zenkutsu-Dachi gestreckt.

nebenstehende Technik von der rechten Seite aus gesehen

Erklärung:

Der vorher abgewehrte Gegner wird mit beiden Händen am Kopf gefaßt.

Gegenangriff mit Hiza-Geri rechts mit Kiai!
Die vorher geöffneten Hände werden beim Herunterreißen zu Fäusten geschlossen und kurz unter dem Knie arretiert.

25

nebenstehende Technik von der rechten Seite aus gesehen

Erklärung:

Der Kopf des Gegners wird auf das Knie gerissen.

Absetzen mit Ausholbewegung
zum Shuto-Uke

Shuto-Uke links
in Kokutsu-Dachi

(26)

(27)

Schritt vor mit
Shuto-Uke rechts
in Kokutsu-Dachi

Endstellung in Shizentai

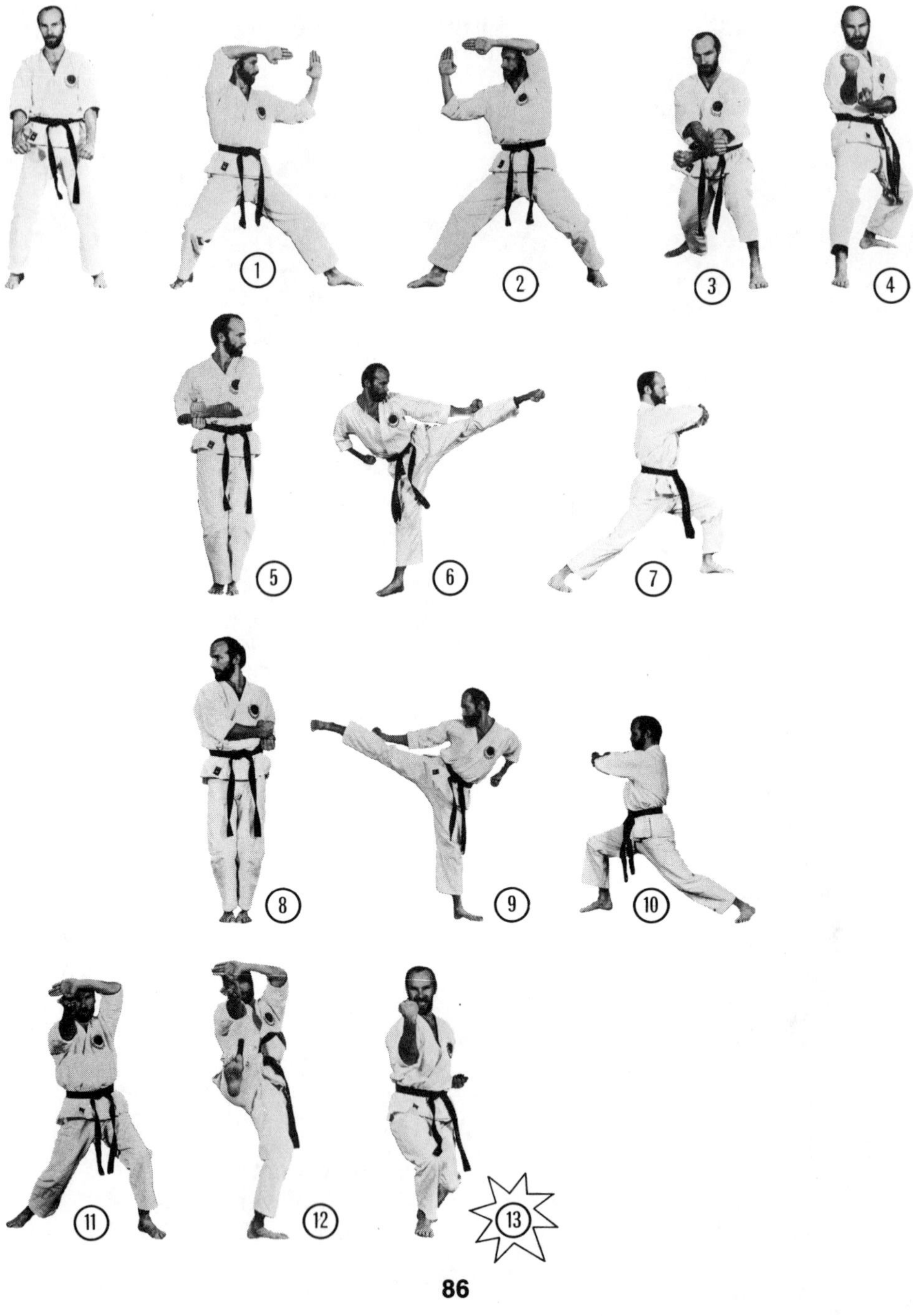
1
2
3
4
5
6
7
8
9
10
11
12
13

Fotomäßiger Ablauf der 27 Positionen der 4. Kata

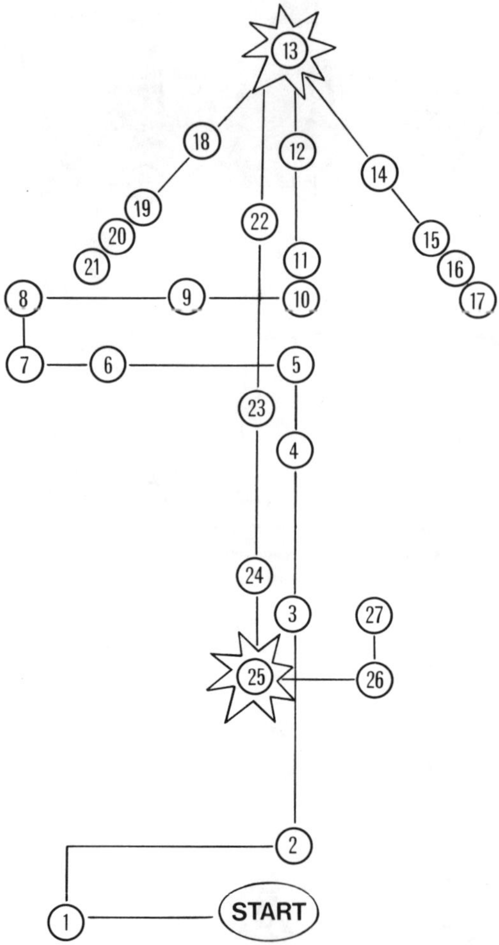

Schrittdiagramm der 4. Kata
(Erklärung siehe 1. Kata)

5. Kata:
HEIAN GODAN

Anmerkungen

Die 5. Kata ist die letzte der Heian-Reihe. Sie steht in Schwierigkeit und Ausdrucksmöglichkeiten den Kata der nächsten Stufe in nichts nach. Sie ist besonders ausgewogen und in den verlangten Techniken nicht zu spezialisiert, so daß sie von sehr vielen Aktiven gern als Kürkata gewählt wird.

Auch als Synchronkata eignet sie sich hervorragend, da ihr Rhythmus klar und einleuchtend, dabei aber nicht zu simpel ist.

Unterschiede in der Ausführung der in Deutschland praktizierten Form und der japanischen Form werden im Text erläutert.

Die Kata umfaßt 23 Stellungen und wird in etwa 45 Sekunden vorgeführt.

Ausgangsstellung Shizentai
in Hachiji-Dachi

Abwehr Uchi-Ude-Uke links
in Kokutsu-Dachi

Erklärung:

in den Oi-Zuki-Chudan-Angriff von links mit Uchi-Ude-Uke-Block hereinsetzen

Gegenangriff Gyaku-Zuki-Chudan
in Kokutsu-Dachi links

Erklärung:

Gegenangriff mit Gyaku-Zuki

Aufstehen durch Heranziehen des rechten Beines in Heisoku-Dachi mit Kagi-Zuki links.
Die Bewegung ist wie »fließendes Wasser«; Kopf, Arme, Beine bewegen sich gleichzeitig. In der Endstellung geht der Blick nach rechts.

Erklärung:

Der Gegner wird nach dem Gyaku-Zuki an der Schulter gefaßt und entgegen der nach links gehenden Aufstehbewegung nach rechts geworfen.

Uchi-Ude-Uke
in Kokutsu-Dachi rechts

Gyaku-Zuki
in Kokutsu-Dachi rechts

Aufstehen in Heisoku-Dachi mit
Kagi-Zuki rechts, Blick nach vorn

aus Heisoku-Dachi vorgehen in Morote-Uchi-Ude-Uke rechts in Kokutsu-Dachi

7

Ausholbewegung im Vorgehen in den Zenkutsu-Dachi, mit beiden Armen an der rechten Seite!

Gedan-Juji-Uke in Zenkutsu-Dachi von der linken Seite aus gesehen

8

Gedan-Juji-Uke in Zenkutsu-Dachi links

Erklärung:

Block eines mit Mae-Geri angreifenden Gegners

Im Stand (Zenkutsu-Dachi) Abwehr mit Jodan-Juji-Uke mit geöffneten Händen.
Die Arme sind leicht gebeugt.

9

obenstehende Technik von der linken Seite aus gesehen

Erklärung:

Nach dem Mae-Geri-Angriff setzt der Gegner mit Jodan-Oi-Zuki ab und wird geblockt.

Übergang in die Abwehrbewegung

◀

nebenstehende Technik
von der linken Seite aus
gesehen

⑩

Osae-Uke in Zenkutsu-Dachi.
Beide Hände liegen flach im rechten Winkel aufeinander und werden zur Abwehr nach unten geschlagen.

Erklärung:

Der im Stand mit Chudan-Gyaku-Zuki nachsetzende Gegner wird nach unten abgewehrt.

Abwehr mit Tate-Shuto-Uke im Vorgehen.
In der japanischen Form wird statt des Tate-Shuto-Uke ein Chudan-Uke-Zuki gemacht.
Beide Formen sind auch bei uns möglich.

Tate-Shuto-Uke von der linken Seite aus gesehen

(11)

Erklärung:

Während des Vorgehens zum Gegenangriff wird ein weiterer Tsuki abgewehrt.

Erklärung:

abschließender Angriff mit Oi-Zuki.

K

(12)

Oi-Zuki-Chudan in Zenkutsu-Dachi mit Kiai!

Ausholbewegung zum Stampfschritt (Fumikomi) mit gleichzeitiger Gedan-Barai-Abwehr

Ausholbewegung von der linken Seite aus gesehen

Absetzen mit Fumikomi und Gedan-Barai in Kiba-Dachi von der linken Seite aus gesehen

13

Fumikomi und Gedan-Barai rechts in Kiba-Dachi

Erklärung:

Gleichzeitig mit der Abwehr des Oi-Zuki-Angriffs des Gegners erfolgt der Gegenangriff mit Fumikomi zum Spann des Fußes.

Ausholbewegung zum Chudan-Heishu-Uke.
Schnelles Ausholen mit gleichzeitiger Blickwendung.

Ausholbewegung von der linken Seite aus gesehen

Chudan-Heishu-Uke von der linken Seite aus gesehen

14

Chudan-Heishu-Uke links in Kiba-Dachi

Erklärung:

Der Chudan-Oi-Zuki-Angriff des Gegners wird zur Seite geschlagen.

◀

(15)

Abwehr mit Mikazuki-Geri rechts.
(Dabei wird die linke Hand als »Ziel« stehengelassen und auch getroffen. Wichtig ist, daß die Hüfte *nicht* in die Bewegung mit hineingenommen wird!)

Mikazuki-Geri von der linken Seite aus gesehen

Erklärung:

Der Gegner hält noch den Abwehrarm fest. Trotzdem wird Mikazuki-Geri getreten, aber mit zurückgehaltener Hüfte.

Chudan-Mae-Empi rechts in Kiba-Dachi.
Die linke Hand liegt als Ziel vor dem Ellbogen.

16

Erklärung:

Aus dem Mikazuki-Geri wird mit Mae-Empi als Gegenangriff abgesetzt.

17

Erklärung:

Abwehr eines neuen Gegners durch seitliches Hereingehen mit Morote-Uchi-Ude-Uke.

Abwehr Chudan-Morote-Uchi-Ude-Uke rechts in Kosa-Dachi (rechter Fuß gerade, linker Fuß 45° dahintergestellt; das linke Knie berührt die rechte Wade.)
Es ist darauf zu achten, daß bei der Bewegung in diese Stellung die gleiche Höhe wie beim Empi eingehalten wird!

■

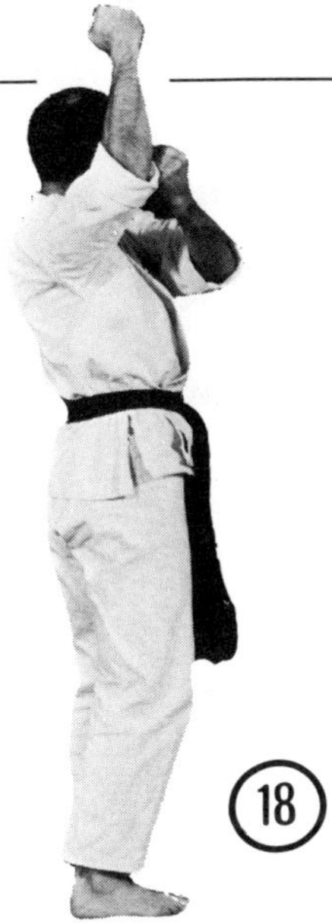

Gegenangriff mit Morote-Ura-Zuki in Renoji-Dachi. Der Blick geht dabei in die entgegengesetzte Richtung; die Stellung richtet sich ebenfalls bereits auf den neuen Angreifer aus.

nebenstehende Technik von der linken Seite aus gesehen

Erklärung:

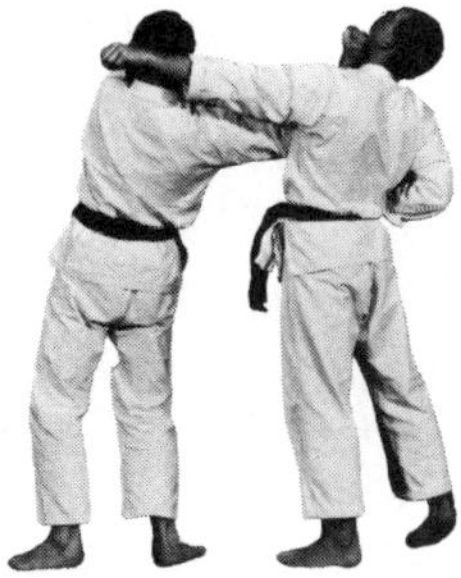

Nach der Abwehr wird der Gegner mit einer Art Kinnhaken getroffen, wobei gleichzeitig Blickverbindung mit dem nächsten Angreifer hergestellt wird.

Absprung und Ausholbewegung.
Man muß vom linken Bein abspringen. In der Luft werden die beiden Fäuste an die Hüfte gerissen. Dabei erfolgt in der *einen* Form der Kiai.

Erklärung:

Überspringen eines Stockangriffs.

Erklärung:

Im Niedersprung wird der Mae-Geri-Angriff geblockt.

Niedersprung mit Gedan-Juji-Uke.
Richtung: genau im rechten Winkel zur Grundlinie.
Das rechte Bein steht vorn, und das linke »kniet« dahinter, ohne mit dem Knie den Boden zu berühren.
In einer anderen Form wird der Kiai hier gemacht. Beides ist zulässig.

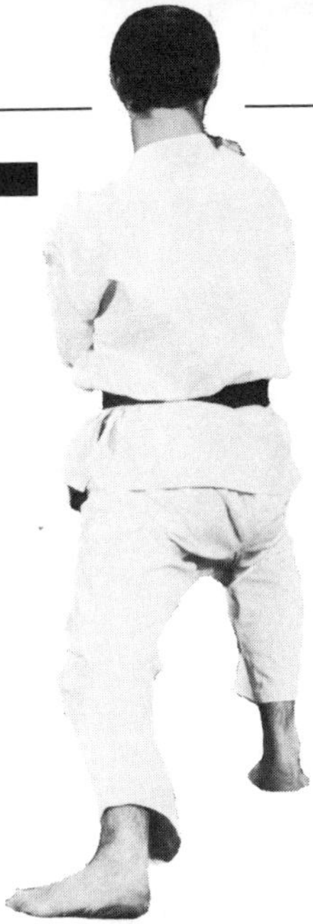

Abwehr mit
Morote-Uchi-Ude-Uke
in Zenkutsu-Dachi
rechts

20

Morote-Uchi-Ude-Uke von der linken Seite aus gesehen

Umsetzbewegung
in die
Nukitetechnik
als flüchtige
Gedan-Shuto-Uke-Abwehr
mit Ausholbewegung
hinter dem Kopf
zum Nukite

das Umsetzen von der linken Seite aus gesehen

Erklärung:

Bei der Wendung zum neuen Gegner hin kann dieser mit Ushiro-Ashi-Barai gefegt und gleichzeitig mit Gedan-Shuto-Uke abgewehrt werden.

Gedan-Nukite (rechts) gleichzeitig mit Nagashi-Uke (links) in Zenkutsu-Dachi links.
Statt des Nukite kann auch Shuto-Uchi ausgeführt werden.

20a

Nukite von der linken Seite aus gesehen

Erklärung:

Der mit Jodan-Oi-Zuki angreifende Gegner wird gleichzeitig am Kopf vorbeigelenkt und mit Nukite angegriffen.
Der Angriff kann in einem Stoß gegen den Unterleib bestehen oder – wie hier – als Vorbereitung des Wurfes.

21

Erklärung:

Umsetzen zu Gedan-Barai mit Jodan-Uchi-Ude-Uke in Kokutsu-Dachi links.
Dabei darf die Hüfte nicht gehoben, der Fuß nicht zurückgezogen werden!
In der japanischen Form steht der Zenkutsu-Dachi vorher auf einer Linie, so daß keinerlei Fußbewegung erlaubt ist.

obige Stellung von der linken Seite aus gesehen

Beim Umsetzen ergreift der Verteidiger das vordere Bein des Angreifers und wirft ihn nach links.

langsames Aufstehen
in Heisoku-Dachi
ohne Armbewegung

Seitenansicht von links

22

Wendung in
Heisoku-Dachi
auf der linken Ferse
mit gleichzeitigem
Gedan-Uke und
Uchi-Ude-Uke

Heisoku-Dachi
mit Gedan-Uke
und Uchi-Ude-Uke

Seiten-
ansicht

Diese Form mit einer kurzen Standpause ist in Europa üblich. Die japanische Form, bei der man direkt in die Nukite-Technik hineingeht, wird auf der nächsten Seite gezeigt.

Die »japanische« Form«: Direkt aus der Drehung wird zum Nukite ausgeholt und in Zenkutsu-Dachi gegangen.

22a

Gedan-Nukite links und Nagashi-Uke rechts in Zenkutsu-Dachi rechts

Nukite von der linken Seite aus gesehen

Erklärung:

wie beim ersten Mal den Angriff vorbeileiten und den Wurf vorbereiten!

Gedan-Uke und Uchi-Ude-Uke
in Kokutsu-Dachi rechts

23

Seitenansicht

Endstellung in Shizentai

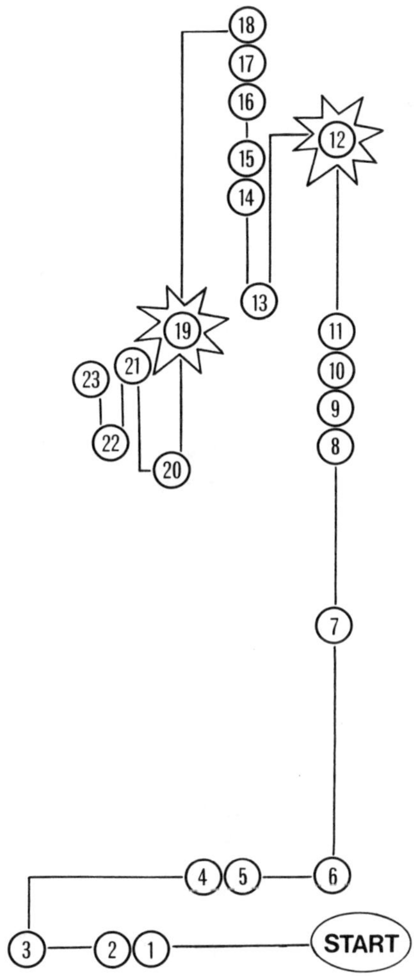

Schrittdiagramm der 5. Kata
(Erläuterungen siehe 1. Kata)

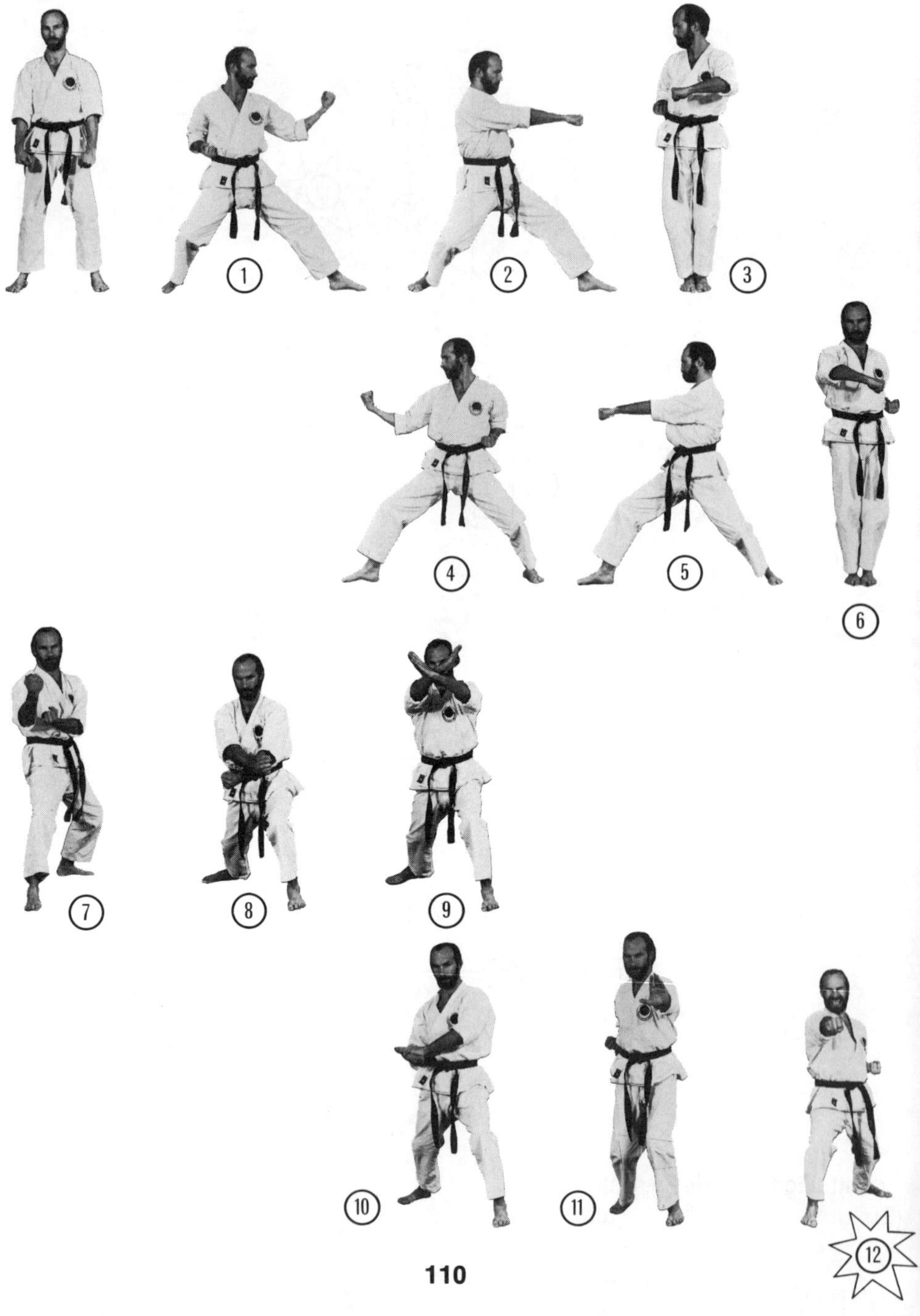
1
2
3
4
5
6
7
8
9
10
11
12

Fotomäßiger Ablauf
der 23 Positionen
der 5. Kata

6. Teil:
TEKKI SHODAN

Anmerkungen

Die Kata Tekki Shodan ist kaum mit den vorhergehenden der Heian-Reihe zu vergleichen. Sie ist eine spezielle Trainingsform für die Stellung Kiba-Dachi mit relativ schwierigen, fortgeschrittenen Techniken.

In der Prüfungspraxis hat sich gezeigt, daß eine zufriedenstellende Vorführung der Tekki aus dem normalen Techniktraining heraus kaum möglich ist. Erst die intensive Auseinandersetzung mit speziell dieser Kata kann zu einem ansprechenden Ergebnis führen.

Insbesondere ist darauf zu achten, daß die Hüfte möglichst immer in *einer* Höhe gehalten und bei den verschiedenen Techniken am Ort nicht mitbewegt wird. Entsprechend dem fortgeschrittenen Niveau des Ausführenden gibt es viele Techniken ausdrücklich ohne Ausholbewegung. Gerade hierin – in der Dynamik ohne Ausholen und ohne Schrittbewegung – zeigt sich die Meisterschaft.

Die Blickwendung ist besonders zu beachten, da sich hier viele Fehler einschleichen.

Die Kata beginnt mit einer anderen Ausgangsstellung und endet auch in ihr. Fehler hierbei werden der Kata zugerechnet. Insbesondere muß der gleiche Fuß (der rechte) heran- und wieder weggesetzt werden.

Die Kata besteht aus 29 Stellungen und wird in etwa 25 Sekunden vorgetragen.

Ausgangsstellung Shizentai
in Hachiji-Dachi

Heransetzen des rechten Beines zur Ausgangsstellung der Kata Tekki 1 in Heisoku-Dachi.
Rechte offene Hand befindet sich unter der linken (Sinn: Schutz des Unterleibes).

Kosa-Dachi mit Nagashi-Uke.
Die Knie werden leicht gebeugt, und der linke Fuß wird übergesetzt, ohne ihn mit Gewicht zu belasten!
Der Blick geht nach rechts, und die noch verbundenen Hände machen eine Abwehrbewegung gegen einen Mae-Geri von vorn.

Gleichzeitige Ausholbewegung zum Fumikomi (Stampfschritt) und Chudan-Haishu-Uke.
Die durch Kanazawa eingeführte Form des Fumikomi mit überweiter Ausholbewegung wird heute schon in zunehmendem Maße von der kurzen, schnelleren japanischen Form des Ausholens verdrängt.
Wichtig für beide Bewegungen bleibt jedoch, daß der Fumikomi von der Mitte des Körpers nach *unten* getreten wird.

Chudan-Haishu-Uke mit Fumikomi rechts in Kiba-Dachi

Erklärung:

gleichzeitige Abwehr mit Gegenangriff zum Fußrist

Im Stand (Kiba-Dachi) Mae-Empi (links) zur rechten Seite, gegen das Ziel der rechten Hand.
Oberkörper möglichst weit eindrehen, ohne die Hüfte zu verdrehen.

Im Stand (Kiba-Dachi) Herunterreißen der Fäuste an die Hüfte zu Kamae.
Blickwendung! (nach links)

Im Stand (Kiba-Dachi) Abwehr mit Gedan-Uke links.

Erklärung:

Block eines mit Chudan-Oi-Zuki angreifenden Gegners

Alle Techniken werden ohne besondere Ausholbewegung ausgeführt!

6

Im Stand (Kiba-Dachi)
Kagi-Zuki rechts

7

Übersetzen in Kosa-Dachi (noch ohne Gewicht auf dem rechten Bein)

Ausholbewegung zum Fumikomi mit Uchi-Ude-Uke.
Beim Ausholen löst sich die linke Hand nicht von der Hüfte; das Bein wird so weit wie möglich hochgerissen.
Blickwendung! (nach vorn)

8

Uchi-Ude-Uke
rechts in
Kiba-Dachi

Erklärung:

Abwehr eines frontal angreifenden Gegners

Ausholbewegung zu Gedan-Uke-Zuki mit Jodan-Nagashi-Uke

9

Gegenangriff
mit Ura-Zuki.
Der rechte Arm
stützt unter dem
linken Ellbogen
mit der Faust ab.

Erklärung:

Gleichzeitig mit dem Ura-Zuki-Gegenangriff kann mit der rechten Hand ein Block erfolgen.

Die nächste Bewegung beginnt deutlich zuerst mit der Blickwendung.

10

Fußabwehr
Nami-Gaeshi

Erklärung:

Unter der Voraussetzung, daß die Arme blockiert sind, kann ein Fußstoß auch mit dieser Fußabwehr geblockt werden.

11

Morote-Ude-Uke links in Kiba-Dachi. Die Faust wird mit der Kleinfingerseite ausgedreht. Soweit wie gymnastisch möglich die Abwehr nach außen bringen!

Erklärung:

Nach der Fußabwehr von vorn wird ein weiterer Gegner, der mit Chudan-Oi-Zuki von der Seite angreift, abgewehrt.

Blickwendung!
Abwehr mit Nami-Gaeshi und Ausholbewegung zum Morote-Uke.

Chudan-Morote-Ude-Uke rechts.
Die Faust wird eingedreht.

Blickwendung!
Die Fäuste werden in Kamae an die Hüfte gerissen.

Chudan-Zuki links und Chudan-Kagi-Zuki rechts in Kiba-Dachi mit Kiai!

schnelles Ausholen zum Haishu-Uke

Haishu-Uke links in Kiba-Dachi

Chudan-Mae-Empi

Blickwendung!
Mit Herunterreißen der Fäuste
in Kamae an der Hüfte.

Gedan-Uke rechts in Kiba-Dachi

Kagi-Zuki links

Übersetzen des linken Fußes
in Kosa-Dachi

Ausholbewegung zum Fumikomi und
Uchi-Ude-Uke.
Blickwendung! (nach vorn)

(22)

Absetzen mit Fumikomi und Uchi-Ude-Uke links in Kiba-Dachi

links Gedan-Uke-Zuki und rechts Jodan-Nagashi-Uke

(23)

rechts Ura-Zuki mit Abstützen durch den linken Arm

(24)

Blickwendung!

Fußabwehr Nami-Gaeshi rechts mit Ausholbewegung zum Morote-Ude-Uke

25

Absetzen mit Morote-Ude-Uke rechts. Faust ausgedreht.

26

Fußabwehr Nami-Gaeshi links mit Ausholbewegung zum Morote-Ude-Uke

27

Absetzen mit Morote-Ude-Uke links. Faust eingedreht.

Blickwendung!
Mit Herunterreißen der Fäuste an die Hüfte in Kamae.

Chudan-Zuki rechts mit Chudan-Kagi-Zuki links in Kiba-Dachi mit Kiai!

Aufstehen in die Tekki-1-Ausgangsstellung

Endstellung Shizentai
(Wegsetzen des rechten Beines)

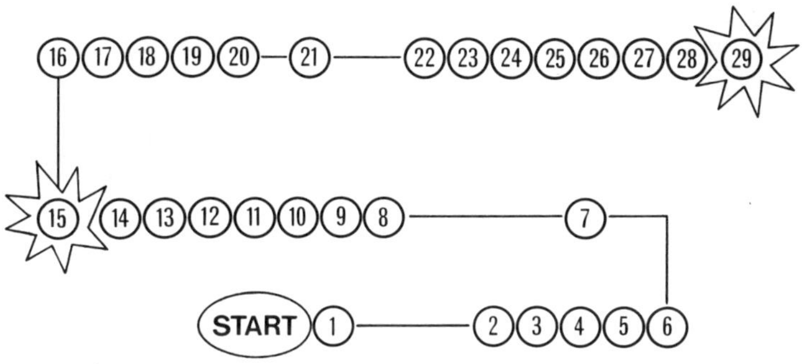

Schrittdiagramm des 6. Teils
(Erläuterungen siehe 1. Kata)

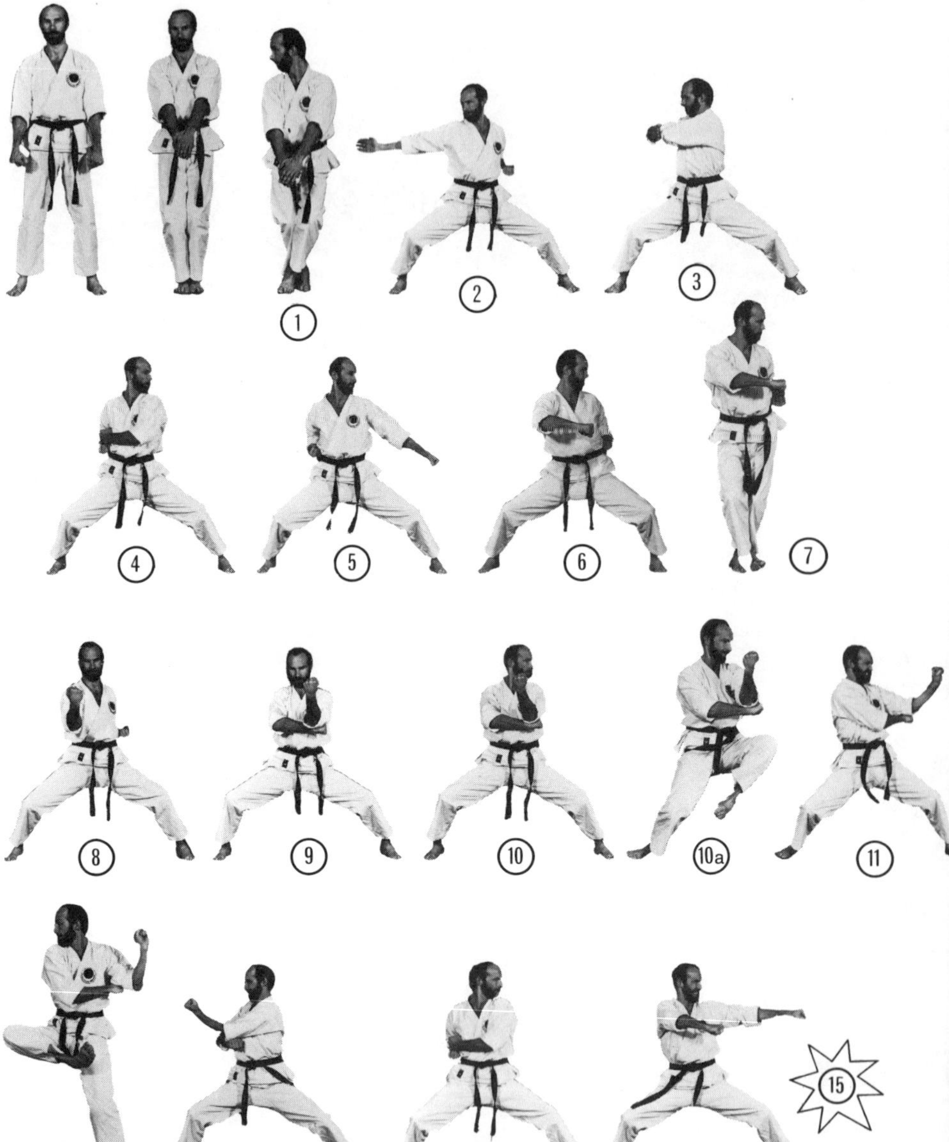

Fotomäßiger Ablauf der Tekki Shodan in 29 Positionen

16

17

18

19

20

21

22

23

24

24a

25

26

27

28

29

7. Teil:
BASSAI-DAI

Anmerkungen

Die Bassai-Dai ist die letzte der Kata, die zu den Prüfungen gelernt werden müssen. Entsprechend ist sie auch deutlich länger und anspruchsvoller als die bisherigen Kata. Andererseits geht sie über den Rahmen der normalen Grundtechniken kaum hinaus.

Betont wird vor allem die Hüftarbeit in festen, sicheren Ständen.

Bassai-Dai ist eine Kata für starke, kompakte Wettkämpfer, die ihre Kraft und Masse günstig einsetzen wollen.

Beim Training und Einstudieren der Kata ist somit das Augenmerk vor allem auf große Ausholbewegungen und kräftigen Hüfteinsatz zu richten.

Die Kata weist 42 Stellungen auf und ist in etwa 70 Sekunden vorzutragen.

Ausgangsstellung
Shizentai in Hachiji-Dachi

Ausgangsstellung
von der rechten Seite aus
gesehen

Ausgangsstellung
der Kata Bassai-Dai.
Der rechte Fuß wird zum linken gezogen.
Die rechte Faust wird in die linke
Handfläche gelegt, linker Daumen
obenauf.

Ausholbewegung und Sprungschritt zum Morote-Uchi-Ude-Uke

Ausholbewegung von der rechten Seite aus gesehen

1

Morote-Uchi-Ude-Uke rechts in Kosa-Dachi.
Überkreuzstellung: Rechter Fuß steht gerade, linker 45° dahinter auf dem Ballen; das linke Knie stützt in der rechten Wade ab.
Die linke Hand liegt geöffnet seitlich vom rechten Ellbogen.

Morote-Uchi-Ude-Uke von der rechten Seite aus gesehen

Erklärung:

sehr starker Block unter Einsatz des ganzen Körpers

Uchi-Ude-Uke links, von der rechten Seite aus gesehen

Erklärung:

2

Uchi-Ude-Uke links in Zenkutsu-Dachi

Abwehr eines Chudan-Oi-Zuki

Gyaku-Uchi-Ude-Uke rechts, von der rechten Seite aus gesehen

Erklärung:

3

Im Stand (Zenkutsu-Dachi) Abwehr Gyaku-Uchi-Ude-Uke.

Bei allen diesen Abwehren erst ausholen, dann die Hüfte ab- oder eindrehen!

Abwehr eines Gyaku-Zuki des gleichen Gegners

Ausholbewegung bei der Wendung. Der rechte Arm wird ganz in die neue Richtung gestreckt, während der linke ausholt.

4

Gyaku-Soto-Ude-Uke links in Zenkutsu-Dachi

5

Uchi-Ude-Uke in Zenkutsu-Dachi

Wendung zurück zum hinteren Bein und um 90° nach rechts.
Dabei eine Schaufelabwehr tief in der Hocke ausführen.

Im Ausheben steht man unter Streckung des linken Armes und Ausholen mit dem rechten auf.
(1. Möglichkeit)

Erklärung:

Der Mae-Geri-Angriff wird von seitlich-unten abgefangen, dann das Bein erfaßt und der Gegner rückwärts geworfen. Die linke Hand unterstützt dabei durch Druck vor die Brust.

Strecken der
geschlossenen Faust
(2. Möglichkeit)

Ausholbewegung ohne
Einsatz der linken Hand
(3. Möglichkeit)

⑥

Vorsetzen in
Zenkutsu-Dachi
mit Soto-Ude-Uke

⑦

Gyaku-Uchi-Ude-Uke links
in Zenkutsu-Dachi

Erklärung:

Nach dem Wurf wird ein weiterer Gegner, der von links mit Tsuki angreift, abgewehrt.

8

Aufstehen mit Kamae der Fäuste an der rechten Hüfte.
Früher wurde diese Bewegung langsam gemacht, heute eher schnell und flüssig.

9

Tate-Shuto-Uke in Hachiji-Dachi links. Ein Gegner wird abgewehrt, gefaßt und in den folgenden Tsuki-Gegenangriff hineingezogen.

10

Choku-Zuki rechts im Hachiji-Dachi

Ausholbewegung zum Uchi-Ude-Uke.
Die Ausholbewegung soll entsprechend dem grundsätzlichen Aufbau der Bassai-Dai groß sein, das heißt möglichst unter dem anderen Arm geführt werden.

11

Uchi-Ude-Uke in einer Stellung, die durch Abdrehen in der Hüfte und Beugen des linken Knies fast zum Zenkutsu-Dachi wird.
Die Füße müssen dabei am Ort mitdrehen.

Erklärung:

Ein Angriff von vorn wird im Stand abgewehrt; dabei weicht man zusätzlich durch Gewichtsverlagerung nach links aus.

12

Chudan-Choku-Zuki links
in Hachiji-Dachi

Erklärung:

Gegenangriff Chudan-Choku-Zuki

13

Uchi-Ude-Uke links in abgedrehter
Stellung

Ausholbewegung zum Shuto-Uke.
Je nach Katastil (Kanazawa = betont, Ochi = rasch) wird das linke Bein mehr oder weniger intensiv vor dem Vorsetzen des rechten eingedreht.

Vorgehen mit Shuto-Uke rechts in Kokutsu-Dachi

14

Vorgehen mit Shuto-Uke in Kokutsu-Dachi links

15

kurzes Vorgehen mit Shuto-Uke rechts

16

Zurückgehen mit Shuto-Uke in Kokutsu-Dachi links

17

Umsetzen von Kokutsu-Dachi in Zenkutsu-Dachi mit der Ausholbewegung zu Tsukami-Uke

Fortsetzen der Ausholbewegung

Scheitelpunkt der Ausholbewegung

Erklärung:

Im Kreuzen der Angriffsbewegung – vor dem Herunterziehen des Angriffs – ist eine Abwehr möglich.

Tsukami-Uke in Zenkutsu-Dachi.
Die linke Hand berührt nur mit den Fingerspitzen und dem Daumen Handgelenk und Unterarm des rechten Armes.

18

Seitenansicht

Erklärung:

Der Gegner wird nach der Abwehr gefaßt und kontrolliert.

Ausholbewegung zum Gedan-Yoko-Geri-Kekomi. Diese Bewegung sollte bis zwischen die Arme geführt werden.

Seitenansicht des Yoko-Geri

gleichzeitiges Fassen mit Gedan-Yoko-Geri-Kekomi rechts mit Kiai!

Erklärung:

Der Gegner wird gefaßt und mit einem Tritt zur Hüfte (oder Knieseite) angegriffen.

Ausholbewegung zum
Absetzen mit Shuto-Uke

[redacted]

Shuto-Uke in
Kokutsu-Dachi
links

(20)

Shuto-Uke links,
von der
linken Seite
aus gesehen

[redacted]

Vorgehen mit
Shuto-Uke in
Kokutsu-Dachi

(21)

Shuto-Uke
rechts, von
der linken
Seite aus
gesehen

Heben der Arme in Jodan-Morote-Uke in Heisoku-Dachi.
Vom Kokutsu-Dachi Shuto-Uke wird das rechte Bein langsam zurückgezogen, während die Hand zur anderen an den Bauch genommen wird. In dem Moment, in dem die Füße geschlossen sind, heben sich beide Fäuste vor der Brust, und die Stellung richtet sich auf. Waren die Ellbogen zu Beginn der Bewegung dicht am Körper, so kommen sie etwa dann, wenn die Fäuste in Kinnhöhe sind, auseinander. Die Endphase ist der Zeitpunkt, zu dem die Fäuste an der Stirn sind und sich mit den Knöcheln der Zeigefinger berühren und zu dem die Ellbogen weit auseinanderstehen.

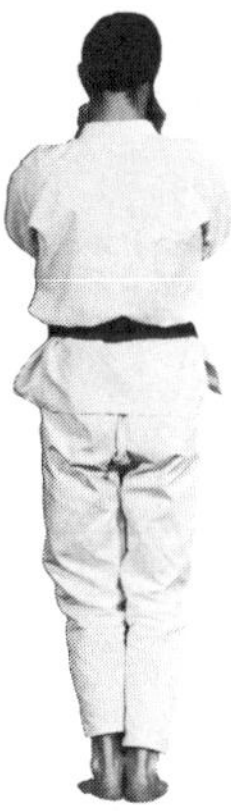

Erklärungen siehe nächste Seite

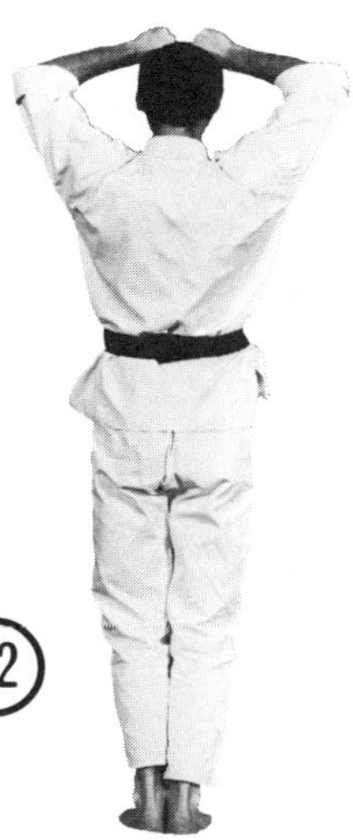

22

nebenstehende Bewegungen von der linken Seite aus gesehen

Erklärungen:

Befreiung vom Fassen durch Heben der Arme in Morote-Uke

Befreiung durch Auseinanderreißen der Arme mit Hiza-Geri.
In der japanischen Form fehlt der Hiza-Geri.

Hiza-Geri von der linken Seite aus gesehen

Erklärung:

Lösen des Griffes und Gegenangriff mit Hiza-Geri

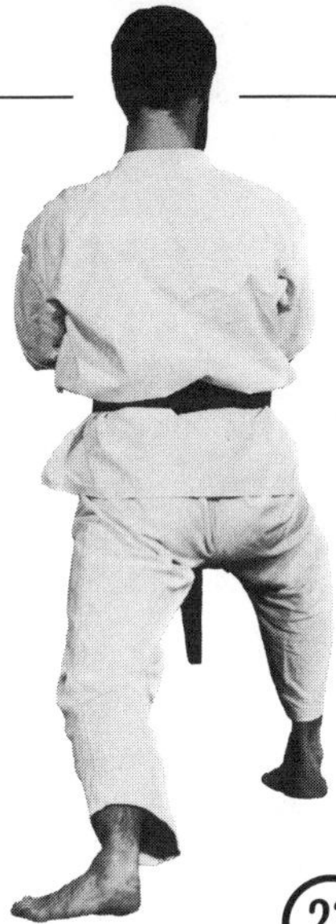

23

Absetzen in Zenkutsu-Dachi mit Hasami-Uchi

Seitenansicht des Hasami-Uchi

Erklärung:

Nach der Befreiung wird der Gegner mit einem Doppelschlag der beiden Fäuste gegen die kurzen Rippen angegriffen.

Vorrutschen mit Yori-Ashi
in Kizami-Zuki-Chudan rechts

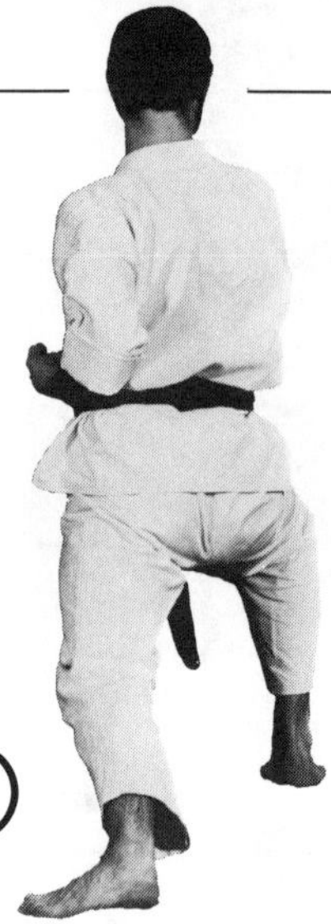

24

Seitenansicht des Kizami-Zuki

Erklärung:

Nachsetzen mit einer abschließenden Technik

Nukite in
Zenkutsu-Dachi

Umsetz- und Ausholbewegung zu Nukite
(vergleiche 5. Kata)

Seitenansicht des Nukite

langsames, jedoch zügiges Aufstehen
mit Gedan-Uke und Jodan-Uchi-
Ude-Uke

Seitenansicht der Stellung
in Heisoku-Dachi

Ausholbewegung zum Fumikomi
mit Gedan-Barai

(26)

Absetzen mit Fumikomi
und Gedan-Barai
in Kiba-Dachi

Seitenansicht
des Gedan-Barai

(27)

Ausholbewegung zum
Haishu-Uke (schnell)

Abwehr mit
Haishu-Uke links
in Kiba-Dachi

Seitenansicht
des Haishu-Uke

Gegenangriff mit Mikazuki-Geri

Seitenansicht
des Mikazuki-Geri

(28)

(29)

Absetzen in Kiba-Dachi mit Mae-Empi rechts. Der linke Arm wird als Ziel vor dem rechten gehalten.

Im Stand (Kiba-Dachi) Abwehr mit Gedan-Uke rechts ohne Ausholbewegung. Die linke Faust steht auf dem Ellbogen; der Handrücken zeigt nach vorn.

Erklärung:

Der erste mit Mae-Geri-Chudan angreifende Gegner wird ohne Körperbewegung zur Seite abgewehrt.

Seitenansicht des Gedan-Uke rechts

30

Gedan-Uke links in Kiba-Dachi. Die rechte Faust steht auf dem Ellbogen; der Handrücken weist nach vorn.

Erklärung:

Auch der zweite Angreifer wird direkt – ohne Veränderung der Stellung – abgewehrt.

31

Gedan-Uke rechts
in Kiba-Dachi

32

Umsetzen in Zenkutsu-Dachi mit flüchtiger Kamae an der linken Hüfte. In Deutschland geht man direkt vom Kiba-Dachi über das flüchtige Ausholen in den folgenden Yama-Zuki. Die japanische Form sieht eine eigene Zeit (und Arretierung) in dieser Stellung vor.

33

Seitenansicht
des Yama-Zuki.

Yama-Zuki in Zenkutsu-Dachi rechts. Hierbei stößt der rechte Arm mit Ura-Zuki zum Bauch und der linke Arm mit Jodan-Zuki zum Kopf. Der obere Tsuki muß so gestoßen werden (Ellbogen und Faust in *einer* Linie nach vorn), daß ein gleichzeitiger Jodan-Angriff mit abgewehrt wird. Daher erklärt sich auch die Schräghaltung von Oberkörper, Schulter und Kopf.

Erklärung:

gleichzeitige Abwehr mit Gegenangriff Jodan- und Chudan-Zuki

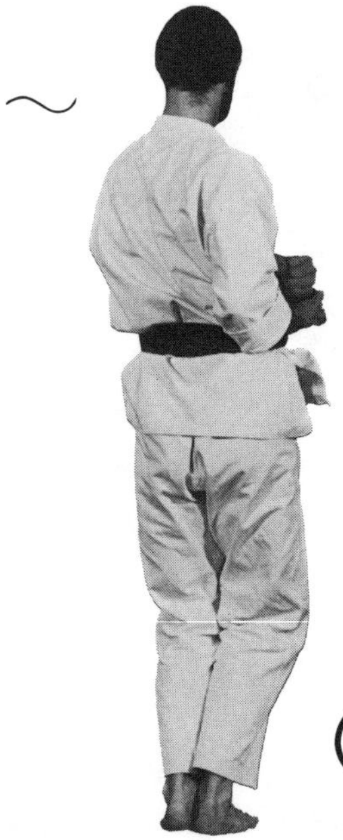

34

Bei der Aufstehbewegung in Heisoku-Dachi gibt es 2 Formen: Heisoku-Dachi gerade und Heisoku-Dachi 45°. Steht der Ausführende gerade, so will er den folgenden Angriff mit Mikazuki-Geri abwehren (siehe Bildfolge der nächsten Seite).
Steht der Ausführende um 45° abgedreht, will er mit Hiza-Geri abwehren. Das ist unbedingt zu beachten!

Aufstehen mit Koshi-Kamae an der rechten Hüfte und geradem Heisoku-Dachi.

1. Ausgangsstellung mit geradem Heisoku-Dachi. Mikazuki-Geri-Abwehr.

Erklärung zu 1

2. Ausgangsstellung mit Heisoku-Dachi 45° Hiza-Geri-Abwehr.

Erklärung zu 2

Mikazuki-Geri links

Seitenansicht
des Mikazuki-Geri

35

Yama-Zuki in Zenkutsu-Dachi links

Seitenansicht des Yama-Zuki

36

fließendes Aufstehen in Heisoku-Dachi mit Koshi-Kamae an der linken Seite

Seitenansicht
des Kamae
in Heisoku-Dachi

Mikazuki-Geri rechts

Seitenansicht des Mikazuki-Geri

Absetzen in Zenkutsu-Dachi rechts mit Yama-Zuki
(wie die Techniken vorher)

Umsetzen um 90° auf eine Linie in Zenkutsu-Dachi.
Beginn einer großen Aushol-bewegung.

Fortsetzen der Ausholbewegung in Zenkutsu-Dachi unter den Arm

Sukui-Uke (»Schaufelabwehr«) in Zenkutsu-Dachi

(siehe Erläuterungen nächste Seite)

Erklärungen zum Sukui-Uke:

Ein Mae-Geri-Angriff wird geblockt, mit der Schaufelbewegung erfaßt und zur Seite geworfen.

Umsetz- und Aushol-bewegung zum Shuto-Uke. Der linke Fuß wird schulterbreit unter den Schwerpunkt gesetzt. Von dort rechts 45° vor-setzen in Kokutsu-Dachi.

39

Sukui-Uke links in Zenkutsu-Dachi. Der Blick ist bei beiden Abwehren auf einen Punkt, der etwa 4 Meter entfernt liegt, gerichtet.

Vorsetzen in Kokutsu-Dachi mit Shuto-Uke rechts

40

Erklärung:

Umsetzen um 90° in Kokutsu-Dachi, dabei abwehren mit Shuto-Uke

41

Umsetzen um 90° in Kokutsu-Dachi rechts mit Shuto-Uke
Achtung! Blick entgegengesetzt!
(Aber nur der Kopf geht in die andere Richtung!)

Andere Form:
Tate-Shuto-Uke rechts in Kokutsu-Dachi

Erklärung:

Eine andere Form der Erklärung:
Der Gegner wird mit Tate-Shuto-Uke gefaßt und bei der Umsetzbewegung zur Seite gedrückt.

Übersetzen vom rechten Kokutsu-Dachi in den linken Kokutsu-Dachi. 3 mögliche Formen:
Übliche Form: Der Fuß wird seitlich herangesetzt.

Dritte Form (japanisch, ohne Foto): Der Fuß wird unter den Schwerpunkt gesetzt, ohne daß man die Füße schließt.

Kanazawa-Form: Beim Heransetzen geht man in eine gerade Position, um von dort mit starker Hüftabdrehung abzusetzen.

42

Shuto-Uke in Kokutsu-Dachi mit Kiai!

Endstellung der Kata Bassai-Dai

Von hier den rechten Fuß wegsetzen in die Endstellung in Hachiji-Dachi mit Shizentai!

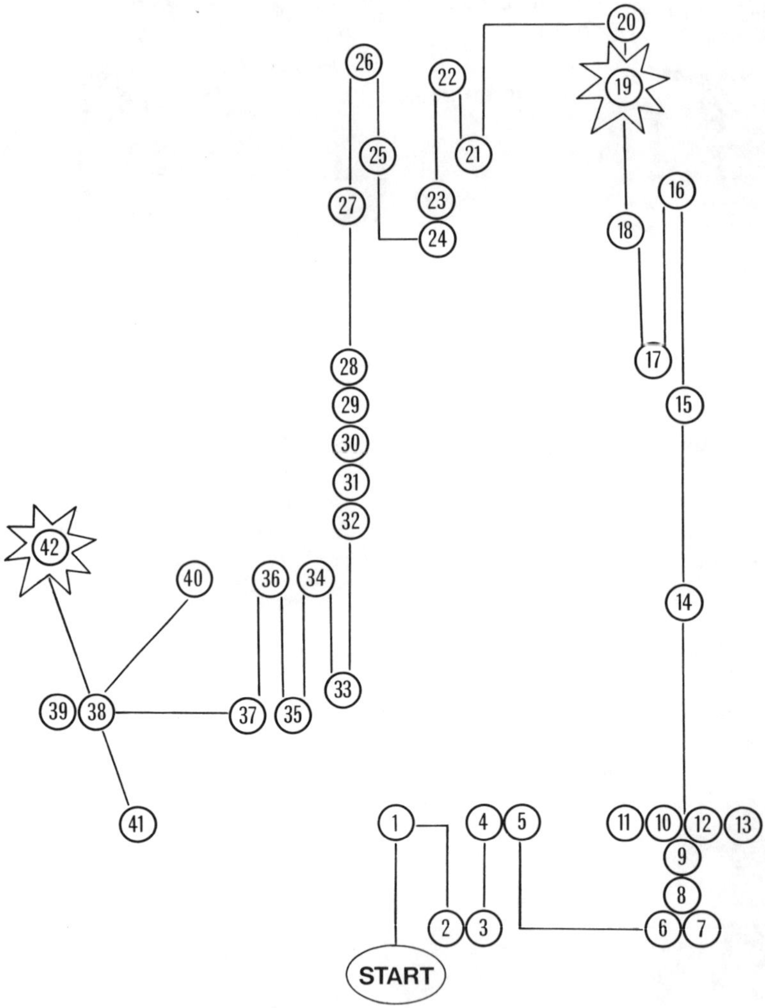

Schrittdiagramm des
7. Teils
(Erläuterungen siehe
1. Kata)

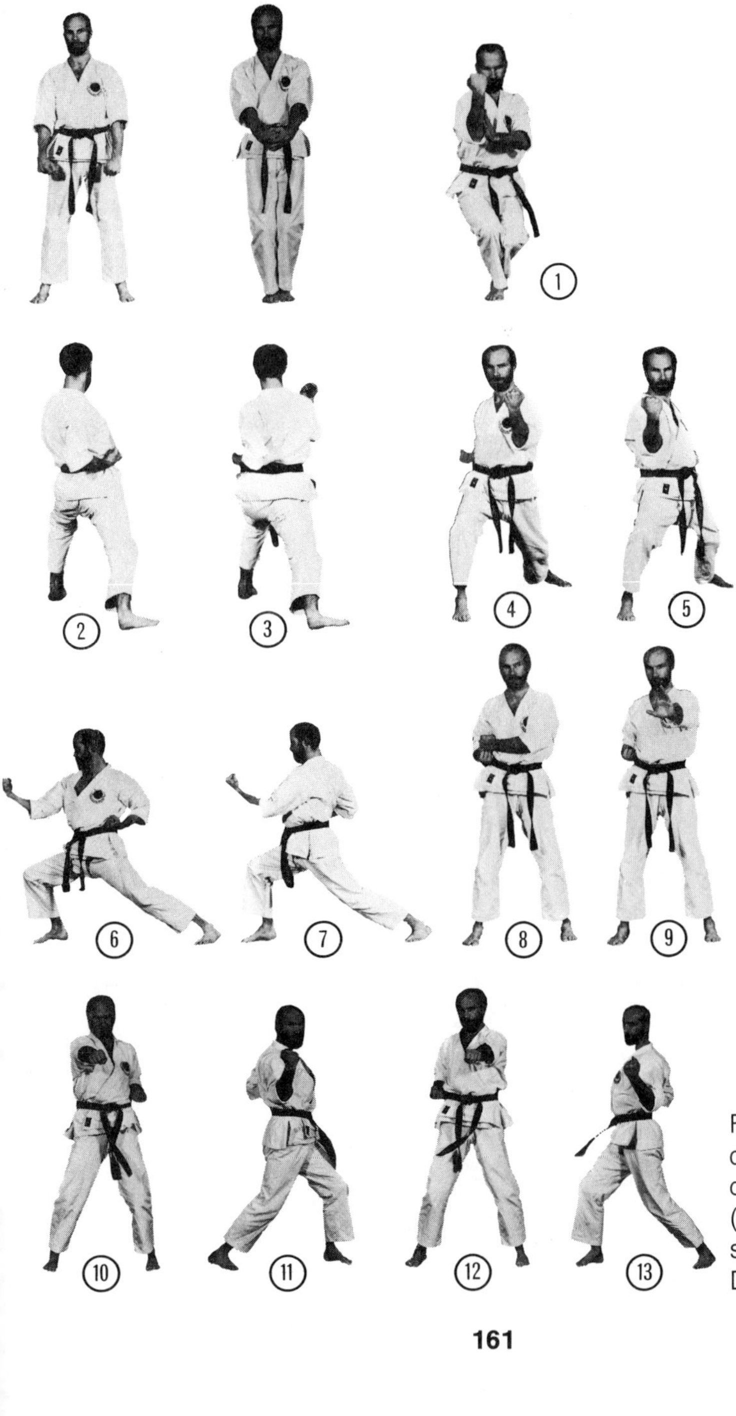

Fotomäßiger Ablauf der 42 Positionen der Bassai-Dai (Fortsetzung siehe folgende Doppelseite).

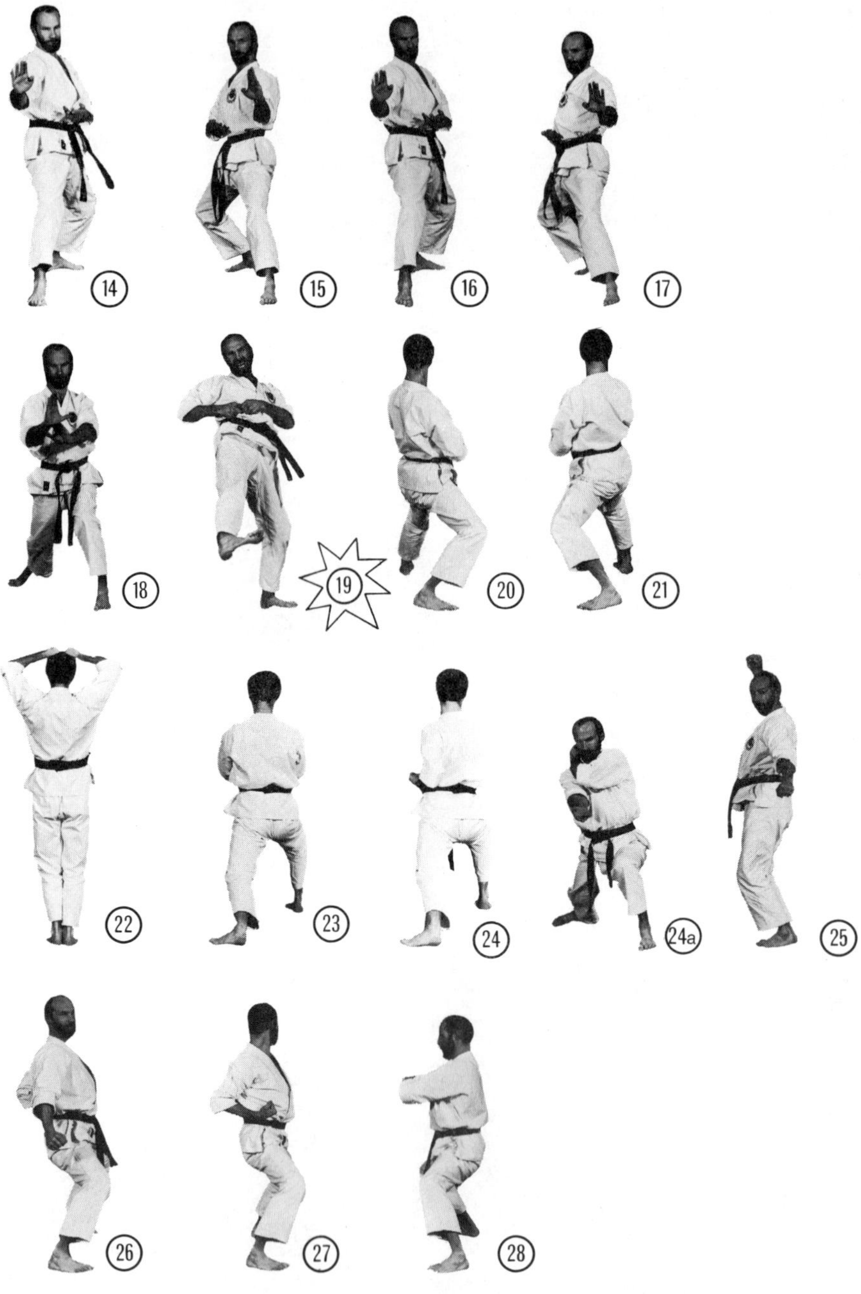
14
15
16
17
18
19
20
21
22
23
24
24a
25
26
27
28

29
30
31
32
33
34
35
36
37
38
39
40
41
42

Schlußwort

Wer alle Kata bis zum Ende dieses Buches beherrscht, ist der Meisterschaft im Karate ein großes Stück nähergekommen. Jedoch: »Karate lernen« hört nie auf! Und auch der Meister lernt und feilt immer weiter an seinen Kata – gleichgültig, ob es die Grundkata oder höhere Kata sind.
Immer wieder soll er seine Fortschritte an den klaren Linien dieser Kata messen. Versäumt er dies (und das tun leider allzu viele!), so ist sein Karate ein hohles Gebäude, das in sich zusammenfällt, wenn er mit der Kompromißlosigkeit und klaren Strenge intensiv studierten Karates zusammentrifft.
In den folgenden Bänden werden weitere, höhere Kata dargestellt. Niemals darf jedoch das Training der Grundkata über dem Studium der höheren Kata vernachlässigt werden.
In diesem Sinne viel Erfolg!

Wolf-Dieter Wichmann

NÜTZLICHE RATGEBER

EINE AUSWAHL

Stand: Frühjahr 1991

Essen und Trinken

Meine feine Bürgerliche Küche
(**4411**-9) Von E. Falout, 160 S., 119 Farbfotos, Pappband. ●●●

Kochen für 1 Person
Rationell wirtschaften, abwechslungsreich und schmackhaft zubereiten. (**0586**-5) Von M. Nicolin, 104 S., 8 Farbtafeln, 23 Zeichnungen, kart. ●

Schnell und individuell
Die raffinierte Single-Küche
(**4266**-3) Von F. Faist, 160 S., 151 Farbfotos, Pappband. ●●●

Für Kenner und Genießer **Lamm**
(**1090**-7) Von H. Imhof, 64 S., 50 Farbfotos, Pappband. ●

Frischer Fang aus Fluß und Meer **Fisch**
(**0964**-X) Von L. Grieser, 64 S., 69 Farbfotos, Pappband. ●

Edler Kern in harter Schale **Meeresfrüchte**
(**0886**-4) Von L. Grieser, 48 S., 52 Farbfotos, Pappband. ●

Gaumenfreuden Tag für Tag
Pfannengerichte
(**1007**-9) Von S. Fabke, 64 S., 54 Farbfotos, Pappband. ●

Von Tatar und falschen Hasen **Hackfleisch**
(**0866**-X) Von A. und G. Eckert, 64 S., 42 Farbfotos, Pappband. ●

Aus eigener Küche **Gute Wurst**
(**0948**-8) Von J. Bessel, G. Quaas, 80 S., 8 Farbtafeln, kart. ●

Aus lauter Lust und Liebe **Knoblauch**
(**0867**-8) Von L. Reinirkens, 64 S., 45 Farbfotos, Pappband. ●

Kochen und würzen mit **Paprika**
(**0792**-2) Von A. und G. Eckert, 88 S., 8 Farbtafeln, kart. ●

Bintje, Irmgard und Sieglinde
Kartoffeln
(**1032**-X) Von S. Fabke, 64 S., 43 Farb- und 1 s/w-Foto, Pappband. ●

Leicht und lecker
Nudelgerichte
Die besten Rezepte aus der 3 GLOCKEN-Feinschmecker-Küche.
(**0466**-4) Von Chr. Stephan, 80 S., 8 Farbtafeln, kartoniert. ●

Pasta in Höchstform **Nudeln**
(**0884**-8) Von M. Kirsch, 64 S., 62 Farbfotos, Pappband. ●

Kräftig klar und cremig zart **Feine Suppen**
(**1031**-1) Von H. Imhof, 64 S., 48 Farbfotos, Pappband. ●

Herzhaftes für Leib und Seele **Eintöpfe**
(**0820**-1) Von P. Klein, 48 S., 30 Farbfotos, Pappband. ●

Spezialitäten unter knuspriger Decke
Aufläufe
(**0882**-1) Von C. Adam, 48 S., 33 Farbfotos, Pappband. ●

In Hülle und Fülle **Pasteten und Terrinen**
(**0883**-X) Von M. Kirsch, 48 S., 62 Farbfotos, Pappband. ●

Die Krönung der feinen Küche **Saucen**
(**0817**-1) Von G. Cavestri, 48 S., 40 Farbfotos, Pappband. ●

Schlank und köstlich **Spargel**
(**1005**-2) Von M. Kirsch, 64 S., 44 Farbfotos, Pappband. ●

Von Aubergine bis Zucchini **Gemüse**
(**1061**-3) Von H. Cohrs, 64 S., 39 Farbfotos, Pappband. ●

Statt Breakfast und Lunch **Brunch**
(**1033**-8) Von C. Adam, 64 S., 49 Farbfotos, Pappband. ●

Die schönsten Rezepte für
Frühstück und Brunch
(**1063**-X) Von K. Kruse-Schorling, 80 S., 8 Farbtafeln, kart. ●

Mit Lust und Liebe
Kochen mit den Meistern
(**4445**-3) 176 S., 132 Farbfotos, 50 Graffiti, Pappband. ●●●●

Zaubern mit der schnellen Welle
Die neue Mikrowellenküche
(**4289**-2) Von F. Faist, 208 S., 188 Farbfotos, Pappband. ●●●

Schnell auf den Tisch gezaubert
Kochen mit Mikrowellen
(**0818**-X) Von A. Danner, 64 S., 52 Farbfotos, Pappband. ●

Knusprig braten und backen im
Mikrowellen-Kombigerät
(**0996**-X) Von T. Peters, 128 S., 108 Farbfotos, kartoniert. ●●

Leicht und vitaminreich
Vegetarische Mikrowellenküche
(**0995**-X) Von F. Faist, 118 S., 103 Farbfotos, kartoniert. ●●

Schnell und individuell
Mikrowellenküche für Singles
(**0997**-6) Von A. Görgens, 118 S., 103 Farbfotos, kartoniert. ●●

Vom ersten Versuch zum Menü
Mikrowellenküche leicht gemacht
(**0994**-1) Von T. Peters, 112 S., 96 Farbfotos, kartoniert. ●●

Zart gedünstet, schonend gegart
Fischgerichte aus der Mikrowellenküche
(**1092**-3) Von A. Ilies, 96 S., 106 Farbfotos, kartoniert. ●●

Köstliches ganz schnell gezaubert
Aufläufe aus der Mikrowellenküche
(**1093**-1) Von K. Kruse-Schorling, 96 S., 89 Farbfotos, kartoniert. ●●

Natürlich Kochen im
Mikrowellen-Römertopf
(**0947**-X) Von F. Faist, 96 S., 8 Farbtafeln, kartoniert. ●

Das neue Fritieren
geruchlos, schmackhaft und gesund.
(**0365**-X) Von P. Kühne, 88 S., 8 Farbtafeln, kart. ●

Goldbraun und knusprig
Fritierte Leckerbissen
(**0868**-6) Von F. Faist, 64 S., 47 Farbfotos, Pappband. ●

Schnell und gut gekocht
Die tollsten Rezepte für den Schnellkochtopf
(**0265**-3) Von J. Ley, 96 S., 8 Farbtafeln, kart. ●

Italienische Vorspeisen **Antipasti**
(**1006**-0) Von S. Reiter-Westphal, 64 S., 47 Farbfotos, Pappband. ●

Schlemmerreise durch die
Italienische Küche
(**4172**-1) Von V. Pifferi, 160 S., 109 Farbfotos, Pappband. ●●●

Schlemmen wie bei Mamma Maria
Pizzas
(**0815**-5) Von F. Faist, 64 S., 62 Farbfotos, Pappband. ●

Spaghetti, Tagliatelle + Co.
Pasta all'Italiana
(**1004**-4) Von I. Seyric, 64 S., 57 Farbfotos, Pappband. ●

Pikantes und Süßes mit französischem Charme **Bistro-Küche**
(**4428**-3) Von V. Müller, 160 S., 130 Farbfotos, Pappband. ●●●

Schlemmerreise durch die
Französische Küche
(**4296**-5) Von H. Imhof, 160 S., 147 Farbfotos, 3 s/w-Fotos, Pappband. ●●●

Schlemmerreise durch die
Chinesische Küche
(**4184**-5) Von K. H. Jen, 160 S., 117 Farbfotos, Pappband. ●●●

Verheißungsvoll fernöstlich
Spezialitäten aus dem Wok
(**0933**-X) Von K. H. Jen, 64 S., 56 Farbfotos, Pappband. ●

Mit Lust und Liebe **Chinesisch Kochen**
(**4441**-0) Von Ho Fu-Lung, Uli Franz, 176 S., 189 Farbfotos, 29 Zeichnungen, Pappband. ●●●●

Mehr Freude und Erfolg beim **Grillen**
(**4141**-1) Von A. Berliner, 160 S., 147 Farbfotos, 10 farbige Zeichnungen, Pappband. ●●●

Köstliches von Rost und Spieß **Grillen**
(**0931**-3) Von A. Kalcher-Dähn, H.K. Kalcher, 64 S., 43 Farbfotos, Pappband. ●

Rezepte rund um Raclette und Doppeldecker
(**0420**-6) Von J. W. Hochscheid, 72 S., 8 Farbtafeln, kart. ●

Schlemmen in geselliger Runde
Fleischfondues
(**0966**-6) Von M. Spötter, 64 S., 62 Farbfotos, Pappband. ●

Fondues und Raclettes
(**4253**-1) Von F. Faist, 160 S., 125 Farbfotos, Pappband. ●●●

Die hier vorgestellten Bücher, Videokassetten und Software sind in folgende Preisgruppen unterteilt:

● Preisgruppe bis DM 10,–/S 79,–/SFr 10,–
●● Preisgruppe über DM 10,– bis DM 20,–, S 80,– bis S 160,–, SFr 10,– bis SFr 20,–
●●● Preisgruppe über DM 20,– bis DM 30,–, S 161,– bis S 240,–, SFr 20,– bis SFr 29,–
●●●● Preisgruppe über DM 30,– bis DM 50,–, S 241,– bis S 400,–, SFr 29,– bis SFr 48,–
●●●●● Preisgruppe über DM 50,–/S 401,–/SFr 48,–
*(unverbindliche Preisempfehlung)

Die Preise entsprechen dem Status beim Druck dieses Verzeichnisses (s. Seite 1) – Änderungen, im besonderen der Preise, vorbehalten –

Schmelzendes Käsevergnügen **Raclette**
(**0881**-3) Von F. Faist, 48 S., 33 Farbfotos, Pappband. ●

Kulinarischer Feuerzauber **Flambieren**
(**4294**-9) Von R. Wesseler, 120 S., 100 Farbfotos, Pappband. ●●●

Das köstliche knackige Schlemmervergnügen **Salate**
(**4165**-9) Von V. Müller, 160 S., 80 Farbfotos, Pappband. ●●●

Gartenfrisch genießen
Feine Salate
(**4450**-X) Von P. Nikolay, 160 S., 122 Farbfotos, Pappband. ●●●

Köstliche Salate
zum Verwöhnen
(**0222**-X) Von Chr. Schönherr, 96 S., 8 Farbtafeln, 30 Zeichnungen, kartoniert. ●

Frisch und leicht als Hauptgericht
Schlemmersalate
(**0934**-8) Von C. Adam, 64 S., 49 Farbfotos, Pappband. ●

Köstlich frisch auf den Tisch
Rohkostsalate
(**0865**-1) Von C. Adam, 48 S., 26 Farbfotos, Pappband. ●

Raffiniert und gesund würzen
Kräuterküche
(**0869**-4) Von A. Görgens, 48 S., 43 Farbfotos, Pappband. ●

Miekes Kräuter- und Gewürzkochbuch
(**0323**-4) Von I. Persy, K. Mieke, 88 S., 4 Farbtafeln, kartoniert. ●

Joghurt, Quark, Käse und Butter
Schmackhaftes aus Milch hausgemacht.
(**0739**-6) Von M. Bustorf-Hirsch, 32 S., 59 Farbabb., Pappband. ●

Gesund und vielseitig **Alles mit Joghurt**
täglich selbstgemacht, mit vielen Rezepten.
(**0382**-6) Von G. Volz, 64 S., 8 Farbtafeln, kartoniert. ●

Locker, flockig, leicht …
Müsli & Co
(**0965**-8) Von C. Adam, 64 S., 42 Farbfotos, Pappband. ●

Bärenstark und kerngesund
Vollwertkost für Kinder
(**0968**-2) Von S. Reiter, 64 S., 44 Farbfotos, Pappband. ●

Gesunde Ernährung für mein Kind
(**0776**-6) Von M. Bustorf-Hirsch, 112 S., 8 Farbtafeln, 5 s/w-Zeichnungen, kart. ●

Das Getreidemühlenkochbuch
(**1017**-6) Von M. Bustorf-Hirsch, 112 S., 8 Farbtafeln, kartoniert. ●

Meine Vollkornküche
Herzhaftes von echtem Schrot und Korn
(**0858**-9) Von S. Walz, 96 S., 8 Farbtafeln, kartoniert. ●

Die verlockende Alternative
Süße Vollwertküche
(**0936**-4) Von A. Roßmeier, 64 S., 50 Farbfotos, Pappband. ●

Die gesunde Art, sich zu verwöhnen
Vollwertküche für Singles
(**0937**-2) Von A. Görgens, 64 S., 43 Farbfotos, Pappband. ●

Dinkel, Hirse, Roggenkorn …
Kerniges aus der Getreideküche
(**0932**-1) Von S. Frank, 64 S., 49 Farbfotos, Pappband. ●

Die feine Vollwertküche
(**4286**-8) Von M. Bustorf-Hirsch, 160 S., 83 Farbfotos, Pappband. ●●●

Mit Lust und Liebe …
Vollwertküche für Genießer
(**4412**-4) Von Prof. Dr. C. Leitzmann, H. Million, 256 S., 329 Farbfotos, Pappband. ●●●●

Die feine Vegetarische Küche
(**4235**-3) Von F. Faist, 160 S., 191 Farbfotos, Pappband. ●●●

Schmackhafte Vollwertkost ohne tierisches Eiweiß
(**0993**-3) Von M. Bustorf-Hirsch, 96 S., 54 Farbfotos, kartoniert. ●●

Cholesterinarm kochen und genießen
(**4442**-9) Von R. Unsorg, 168 S., 132 Farbfotos, kartoniert. ●●●

Die aktuelle **Cholesterintabelle**
(**1088**-5) Von Dr. H. Oberritter, 84 S., 12 zweifarbige Grafiken, kartoniert. ●

Die aktuelle Vitamin- und Mineralstofftabelle
Mit Angaben zu den wichtigsten Vitaminen und Mineralstoffen
(**1110**-5) Von Dr. H. Oberritter, 88 S., 1 zweifarbige Grafik, kart. ●

Vollwertküche für Diabetiker
Köstlich kochen und backen für die ganze Familie
(**4473**-9) Von Prof. Dr. C. Leitzmann, Prof. Dr. H. Laube, H. Million, 168 S., 172 Farbfotos, 8 Zeichnungen, Pappband. ●●●●

Kochen und backen für Diabetiker
Gesund und schmackhaft für die ganze Familie
(**4467**-4) Von Dr. med. M. Toeller, W. Schumacher, A. Groote, Dr. troph. A. Klischan, 176 S., 182 Farbfotos, Pappband. ●●●●

Würzig kochen ohne Salz
(**0922**-4) Von S. Roediger-Streubel, 160 S., 16 Farbtafeln, kart. ●●

Die Sojaküche
Gesund und abwechslungsreich essen
(**0894**-5) Von U. Kolster, 80 S., 8 Farbtafeln, kart. ●

Gesund kochen mit Keimen und Sprossen
(**0794**-9) Von M. Bustorf-Hirsch, 96 S., 4 Farbtafeln, 13 s/w-Zeichnungen, kart. ●

Keime und Sprossen in der Naturküche
(**4299**-X) Von M. Bustorf-Hirsch, 96 S., 144 Farbfotos, Pappband. ●●

Waffeln
Hörnchen, Pfannkuchen und Crêpes.
(**0522**-9) Von C. Stephan, 64 S., 8 Farbtafeln, kart. ●

Mehr Freude und Erfolg beim
Brotbacken
(**4148**-9) Von A. und G. Eckert, 160 S., 177 Farbfotos, Pappband. ●●●

Meine Vollkornbackstube
Brot · Kuchen · Aufläufe. (**0616**-0) Von R. Raffelt, 96 S., 4 Farbtafeln, 12 Zeichnungen, kartoniert. ●

Die feine Vollkornbackstube
(**4474**-7) Von M. Bustorf-Hirsch, 160 S., 128 Farbfotos, Pappband. ●●●

Mit Körnern, Zimt und Mandelkern
Vollkorngebäck
(**0816**-3) Von M. Bustorf-Hirsch, 48 S., 39 Farbfotos, Pappband. ●

Knusprig, kernig, urgesund **Vollkornbrot**
(**0938**-0) Von S. Reiter, 64 S., 46 Farbfotos, Pappband. ●

Weihnachtsbäckerei
Köstliche Plätzchen, Stollen, Honigkuchen und Festtagstorten.
(**0682**-9) Von M. Sauerborn, 32 S., 34 Farbfotos, Pappband. ●

Meine Weihnachtsbackstube
(**5163**-8) Von M. Sauerborn, 32 S., 23 Farbfotos, mit Vorlagebogen in Originalgröße, kart. ●

Süße Verführungen **Desserts**
(**0885**-6) Von M. Bacher, 64 S., 75 Farbfotos, Pappband. ●

Süße Geheimnisse eiskalt gelüftet
Eis und Sorbets
(**0870**-8) Von H. W. Liebheit, 48 S., 38 Farbfotos, Pappband. ●

Raffiniertes mit
Eis
Drinks/Desserts/Eissorten
(**1029**-X) Von F. Hoffmann, 64 S., 74 Farbfotos, Pappband. ●

Zart schmelzende Versuchungen
Schokolade
(**0819**-8) Von J. Schroer, 48 S., 53 Farbfotos, Pappband. ●

Haltbarmachen in der Öko-Küche
Gesunde Konservierungsmethoden für Obst, Gemüse, Kräuter und Pilze. (**0923**-2) Von M. Bustorf-Hirsch, 120 S., 92 Farbabb., kart. ●●

Komm, koch und back mit mir
Kunterbuntes Kochvergnügen für Kinder.
(**4285**-X) Von S. und H. Theilig, illustriert von B. v. Hayek, 112 S., 45 Farbabb., Pappband. ●●

Lirum, larum, Löffelstiel …
Kinder kochen mit Knuddel
(**1094**-X) Von U. Bültjer, 80 S., 27 zweifarbige Zeichnungen, kart. ●

Mit Lust und Liebe **Kalte Platten & Buffets**
Anrichten und Garnieren
(**4427**-5) Von P. Grotz, 176 S., 228 Farbfotos, Pappband. ●●●●

Garnieren und Verzieren
(**4236**-1) Von R. Biller, 160 S., 329 Farbfotos, 57 Zeichnungen, Pappband. ●●●

Köstlichkeiten für Gäste und Feste
Kalte Platten
(**4200**-0) Von I. Pfliegner, 160 S., 130 Farbfotos, Pappband. ●●●

Wenn Gäste kommen …
Kalte Küche
(**1060**-5) Von A. Ilies, 64 S., 49 Farbfotos, Pappband. ●

Raffiniert und vielseitig
Toasts und Sandwiches
(**1109**-1) Von R. und T. Donhauser, 64 S., 52 Farbfotos, Pappband. ●

Fein und raffiniert
Canapés und kleine Köstlichkeiten
(**0963**-1) Von H. Imhof, 64 S., 53 Farbfotos, Pappband. ●

Festlich kochen und backen
für Advent und Weihnachten
(**4443**-7) Von A. Guter, 96 S., 66 Farbfotos, 1 s/w-Foto, Pappband. ●●

Der perfekt gedeckte Tisch
(**1028**-1) Von H. Tapper, 80 S., 161 Farbfotos, 13 Zeichnungen, kartoniert. ●●

Der schön gedeckte Tisch
Vom einfachen Gedeck bis zur Festtafel stimmungsvoll und perfekt arrangiert.
(**4246**-1) Von H. Tapper, 112 S., 206 Farbfotos, 21 s/w-Abbildungen, Pappband. ●●●

Servietten falten
80 Ideen für schön gedeckte Tische
(**1042**-7) Von M. Müller, O. Mikolasek, 80 S., 289 Farbfotos, 50 Zeichnungen, kartoniert. ●●

Phantasievolle Tischdekorationen selber machen
(**0984**-4) Von Y. Thalheim, H. Nadolny, 80 S., 174 Farbfotos, 21 Zeichnungen, kart. ●●

Tischkarten dekorativ gestalten
aus allerlei Material für viele Anlässe
(**0946**-1) Von H. York, 32 S., 108 Farbfotos, Pappband. ●

Servietten dekorativ falten
Geschmackvolle Anregungen aus Stoff und Papier. (**0804**-X) Von H. Tapper, 32 S., 134 Farbfotos, Pappband. ●

Tee für Genießer
Sorten · Riten · Rezepte
(**0356**-0) Von M. Nicolin, 64 S., 4 Farbtafeln, kart. ●

Weine und Säfte, Liköre und Sekt
selbstgemacht.
(**0702**-7) Von P. Arauner, 232 S., 76 Abb., kart. ●●

Fruchtig, spritzig, eisgekühlt
Mixen ohne Alkohol
(**0935**-6) Von S. Späth, 64 S., 44 Farbfotos, Pappband. ●

Mit und ohne Alkohol
Longdrinks
(**1062**-1) Von S. Edelberg, 64 S., 47 Farbfotos, Pappband. ●

Cocktails
(**4267**-1) Von W. R. Hoffmann, W. Hubert, U. Lottring, 160 S., 164 Farbfotos, 1 s/w-Foto, Pappband. ●●●

Cocktails und Mixereien
für häusliche Feste und Feiern. (**0075**-8) Von J. Walker, 96 S., 4 Farbtafeln, kart. ●

Die besten Punsche, Grogs und Bowlen
(**0575**-X) Von F. Dingden, 64 S., 4 Farbt., kart. ●

SLIM
Der neue, individuelle Schlankheitsplan.
(**4277**-9) Von Prof. Dr. E. Menden, W. Aign, 120 S., 440 Farbfotos, Pappband. ●●●

Schlank werden nach Dr. Hay **Trennkost**
Die bewährten Vollwert-Rezepte von Ursula Summ. (**4298**-1) Von U. Summ, 96 S., 54 Farbfotos, 1 Zeichnung, kart. ●●

Gesund leben nach Dr. Hay
Cholesterinarme Trennkost
Neue Vollwert-Rezepte von Ursula Summ
(**4475**-5) Von U. Summ, 96 S., 52 Farbfotos, kart. ●●

Eßlust statt Diätfrust
Die Pfundskur
(**1102**-4) Von Prof. Dr. V. Pudel, 144 S., 8 s/w-Zeichnungen, 4 Vignetten, kartoniert. ●

Schlank nach Maß
mit der Diät-Computerwaage
(**1064**-8) Von K. Alisch, 104 S., 8 Farbtafeln, kart. ●

Gesundes Essen für Berufstätige
Die 4-Wochen-Vollwertkur
(**1065**-6) Von M. Weber, ca. 80 S., 8 Farbtafeln, kart. ●

Hobby und Freizeit

Falken-Handbuch
Zeichnen und Malen
(**4167**-5) Von B. Bagnall, 336 S., 1154 Farbabb., Pappband. ●●●●●

Punkt, Punkt, Komma, Strich
Zeichenstunde für Kinder
(**0564**-4) Von H. Witzig, 144 S., über 250 Zeichnungen, kart. ●

Einmal grad und einmal krumm
Zeichenstunde für Kinder
(**0599**-7) Von H. Witzig, 144 S., 363 Abb., kartoniert. ●

Figürliches Zeichnen
leicht gemacht
(**1010**-9) Von H. Witzig, 112 S., 462 Figuren, kartoniert. ●

Airbrush
Kreatives Gestalten mit dem Luftpinsel
(**1133**-4) Von C. M. Mette, 80 S., 145 Farbfotos, 40 Farbzeichnungen, kartoniert. ●●

Spielend zeichnen lernen mit den Montagsmalern
(**0974**-7) Von G. Lages, Sigi Harreis, 112 S., 326 s/w-Zeichnungen, kartoniert. ●●

Kalligraphie
Die Kunst des schönen Schreibens
(**4263**-9) Von C. Hartmann, 120 S., 44 Farbvorlagen, 29 s/w-Vorlagen, 2 s/w-Zeichnungen, 38 Farbfotos, Pappband. ●●●

Gestalten mit Schrift
Kalligraphie
(**1044**-3) Von I. Schade, 80 S., 2 Farb- und 1 s/w Foto, 143 Farbzeichnungen, kartoniert. ●●

Aquarellmalerei leicht gelernt
Materialien · Techniken · Motive.
(**0787**-6) Von T. Hinz, R. Braun, B. Zeidler, 32 S., 38 Farbfotos, 1 Zeichn., Pappband. ●

Hobby Aquarellmalen
Landschaft und Stilleben.
(**0876**-7) Von I. Schade, A. Brück, 80 S., 111 Farbabb., kart. ●●

Hobby Ölmalerei
Landschaft und Stilleben.
(**0875**-9) Von H. Kämper, I. Becker, 80 S., 93 Farbabb., kart. ●●

Hobby Bauernmalerei
(**0436**-2) Von S. Ramos und J. Roszak, 80 S., 116 Farbfotos und 28 Motivvorlagen, kart. ●●

Seidenmalerei in Vollendung
(**4414**-3) Hrsg. von R. Smend, 160 S., 227 Farbfotos, 36 s/w-Fotos, geprägter Leineneinband mit Schutzumschlag, im Schuber, **DM 98,–**, S 784,–, SFr 94,10

Seidenmalerei und Modedesign
Modelle · Techniken · Schnittmuster
(**4476**-3) Von B. Hansen, 176 S., 140 Farbfotos, 93 Farb-, 68 s/w-Zeichnungen, Pappband. ●●●●

Seidenmalerei als Kunst und Hobby
(**4264**-7) Von S. Hahn, 136 S., Farbabb., 1 s/w-Foto, Pappband. ●●●●

Neue zauberhafte Seidenmalerei
Motive und Anregungen aus der Natur.
(**0924**-0) Von R. Henge, 80 S., 148 Farbfotos, 27 s/w-Zeichnungen, kart. ●●

Kunstvolle Seidenmalerei
Mit zauberhaften Ideen zum Nachgestalten
(**0783**-3) Von I. Demharter, 32 S., 56 Farbfotos, Pappband. ●

Aquarellieren auf Seide
Materialien · Techniken · Motive
(**0917**-8) Von I. Demharter, 32 S., 41 Farbfotos, Pappband. ●

Seidenmalerei Landschaften
(**5153**-0) Von D. Kosik, 32 S., 50 Farbfotos, 12 Zeichnungen, mit Vorlagebogen in Originalgröße, kart. ●

Seidenmalerei Kissen
(**5151**-4) Von I. Demharter, 32 S., 42 Farbfotos, 2 Zeichnungen, mit Vorlagebogen in Originalgröße, kart. ●

Seidenmalerei Blusen und T-Shirts
(**5184**-0) Von A. Keller, 32 S., 28 Farbfotos, 12 Zeichnungen, mit Vorlagebogen in Originalgröße, kartoniert. ●

Seidenmalerei Tücher und Schals
(**5152**-2) Von R. Henge, 32 S., 36 Farbfotos, 1 Zeichnung, mit Vorlagebogen in Originalgröße, kart. ●

Seidenmalerei Taschen und Gürtel
(**5194**-8) Von S. Tichy-Gibley, 32 S., 30 Farbfotos, 8 Farbzeichnungen, mit Vorlagebogen in Originalgröße, kartoniert. ●

Seidenmalerei Tiermotive
(**5204**-9) Von A. Keller, 32 S., 37 Farbfotos, mit Vorlagebogen in Originalgröße, kart. ●

Serti Designo
Seidenmalerei mit Kreidestiften
(**5208**-1) Von S. Tichy-Gibley, 32 S., 46 Farbfotos, mit Vorlagebogen in Originalgröße, kart. ●

Seidenmalerei Lampenschirme
(**5154**-9) Von I. Walter-Ammon, 32 S., 47 Farbfotos, 1 Zeichnung, mit Vorlagebogen in Originalgröße, kart. ●

Seidenmalerei Blüten, Blätter, Ranken
(**5165**-4) Von D. Kosik, 32 S., 35 Farbfotos, 4 Zeichnungen, mit Vorlagebogen in Originalgröße, kart. ●

Seidenmalerei Schmuckkarten und Miniaturbilder
(**5166**-2) Von I. Walter-Ammon, 32 S., 37 Farbfotos, 2 Zeichnungen, mit Vorlagebogen in Originalgröße, kart. ●

Seidenmalerei Bilder in Konturentechnik
(**5182**-4) Von I. Demharter, 32 S., 28 Farbfotos, 2 Zeichnungen, mit Vorlagebogen in Originalgröße, kartoniert. ●

Seidenmalerei Applikationen
(**5224**-3) Von J. Bressau, 32 S., 50 Farbfotos, mit Vorlagebogen in Originalgröße, kartoniert. ●

Falken-Handbuch
Häkeln
ABC der Häkeltechniken und Häkelmuster in ausführlichen Schritt-für-Schritt-Bildfolgen
(**4194**-2) Von H. Fuchs, M. Natter, 288 S., 597 Farbfotos, 476 Farbzeichnungen, Pappband. ●●●●

Das moderne Standardwerk von der Expertin
Perfekt Stricken
Mit Sonderteil Häkeln.
(**4250**-7) Von H. Jaacks, 256 S., 703 Farbfotos, 169 Farb- und 121 s/w-Zeichnungen, Pappband. ●●●

Hobby Patchwork und Quilten
(**0768**-X) Von B. Staub-Wachsmuth, 80 S., 108 Farbabb., 43 Zeichnungen, kart. ●●

Hobby Spitzencollagen
Bezaubernde Motive aus edlem Material
(**0847**-3) Von H. Westphal, 80 S., 186 Farbfotos, kart. ●●

Marionetten
selbst bauen und führen
(**1043**-5) Von D. Köhnen, 80 S., 150 Farbfotos, mit Schnittmusterbogen, kartoniert. ●●

Charakterpuppen
aus Cernit und Porzellan selbst gestalten
(**1156**-3) Von S. Becker, 64 S., 143 Farbfotos, 30 Zeichnungen, 13 Vignetten, mit Schnittmusterbogen, kartoniert. ●●

Puppen zum Liebhaben
(**5199**-9) Von B. Wehrle, 32 S., 27 Farbfotos, 9 s/w-Zeichnungen, mit Vorlagebogen in Originalgröße, kartoniert. ●

Teddybären
Sechs beliebte Modelle
(**5159**-X) Von Y. Thalheim, H. Nadolny, 32 S., 46 Farbfotos, 9 Zeichnungen, mit Vorlagebogen in Originalgröße, kart. ●

Heißgeliebte Teddybären
Selbermachen · Sammeln · Restaurieren.
(**0900**-3) Von H. Nadolny, Y. Thalheim, 80 S., 119 Farbfotos, 23 s/w-Zeichnungen, 14 S. Schnittmusterbogen, kart. ●●

Neue zauberhafte Salzteig-Ideen
(**0719**-1) Von I. Kiskalt, 80 S., 324 Farbfotos, 12 Zeichnungen, Schablonen, kart. ●●

Salzteig kinderleicht
(**0973**-9) Von I. Kiskalt, 80 S., 224 Farbfotos, 8 Zeichnungen, kart. ●●

Kreatives Gestalten mit Ton
Töpfern ohne Scheibe – Aufbaukeramik
(**0896**-1) Von A. Riedinger, 80 S., 207 Farbfotos, 16 Zeichnungen, 7 Vignetten, kart. ●●

Kreatives Gestalten mit Ton
Töpfern auf der Scheibe
(**0971**-2) Von A. Riedinger, 80 S., 28 Farb- und 3 s/w-Zeichnungen, 178 Farbfotos, kartoniert. ●●

Edles Porzellan
(**4437**-2) Von M. Lutze, Prof. E. Lessing, 160 S., 175 Farbfotos, Leineneinband, mit Schutzumschlag, im Schuber ●●●●●

Hobby Glaskunst in Tiffany-Technik
(**0781**-7) Von N. Köppel, 80 S., 194 Farbfotos, 6 s/w-Abb., kart. ●●

Tiffany-Lampen selbermachen
Arbeitsanleitung · Materialien · Modelle
(**0684**-5) Von I. Spliethoff, 32 S., 60 Farbfotos, 19 Zeichnungen, Pappband. ●

Fensterbilder in Tiffany-Technik
(**5168**-9) Von P. Matz, 32 S., 43 Farbfotos, mit Vorlagebogen in Originalgröße, kart. ●

Tiffany-Technik
und andere kunstvolle Arbeiten in Glas
(**0972**-0) Von D. Köhnen, 80 S., 176 Farbfotos, 5 s/w-Zeichnungen, kart. ●●

Tiffany-Gürtelschnallen
(**5160**-3) Von G. G. Scheib, R. Grella, 32 S., 52 Farbfotos, 1 Zeichnung, mit Vorlagebogen in Originalgröße, kart. ●

Modeschmuck mit Federn und Straß
(**5167**-0) Von J. Niemeier, 32 S., 41 Farbfotos, mit Vorlagebogen in Originalgröße, kart. ●

Modeschmuck selbst modellieren
(**5196**-4) Von K. Eichler, 32 S., 51 Farbfotos, mit Vorlagebogen in Originalgröße, kartoniert. ●

Modeschmuck in vielen Variationen
(**5180**-8) Von A. Hahn, 32 S., 39 Farbfotos, 3 Zeichnungen, mit Vorlagebogen in Originalgröße, kartoniert. ●

Effekt-Color
Phantasievolle Schmuck- und Deko-Ideen
(**5207**-3) Von A. Hahn, 32 S., 55 Farbfotos, mit Vorlagebogen in Originalgröße, kart. ●

Rocailles
Perlenschmuck
(**5209**-X) Von L. und E. Weiler, 32 S., 45 Farbfotos, 2 Zeichnungen, mit Vorlagebogen in Originalgröße, kart. ●

Perlenschmuck
(**5221**-9) Von H. Büderer, 32 S., 50 Farbfotos, mit Vorlagebogen in Originalgröße, kartoniert. ●

Exklusiver Modeschmuck
aus dem eigenen Atelier
(**0925**-9) Von J. Niemeier, J. Klein, 80 S., 141 Farbfotos, 25 Zeichnungen, kart. ●●

Masken
phantasievoll dekorieren
(**5155**-7) Von Chr. Familler, 32 S., 48 Farbfotos, mit Vorlagebogen in Originalgröße, kart. ●

Schwingtiere aus Holz gestalten
(**5222**-7) Von der Arbeitsgem. Werken, 32 S., 50 Farbfotos, mit Vorlagebogen in Originalgröße, kartoniert. ●

Hobby Drachen
bauen und steigen lassen. (**0767**-1) Von W. Schimmelpfennig, 80 S., 1 dreiseitige Ausklapptafel, 55 Farbfotos, 139 Zeichnungen, kart. ●●

Lenkdrachen
bauen und fliegen
(**1011**-7) Von W. Schimmelpfennig, 64 S., 51 Farbfotos und 126 Zeichnungen, kartoniert. ●●

Drachen
Einfache Modelle für Kinder
(**5156**-5) Von W. Schimmelpfennig, 32 S., 11 Farbfotos, 31 Zeichnungen, mit Vorlagebogen, kart. ●

Das große farbige
Bastelbuch für Kinder
(**4254**-X) Von U. Barff, I. Burkhardt, J. Maier, 224 S., 157 Farbfotos, 430 Farb- und 60 s/w-Zeichnungen, mit Schnittmusterbogen, Pappband. ●●●

Hobby Origami
Papierfalten für groß und klein
(**0756**-6) Von Z. Aytüre-Scheele, 80 S., 820 Farbfotos, kart. ●●

Neue zauberhafte Origami-Ideen
Papierfalten für groß und klein
(**0805**-8) Von Z. Aytüre-Scheele, 80 S., 720 Farbfotos, kart. ●●

Zauberwelt Origami
Tierfiguren aus Papier
(**1045**-1) Von Z. Aytüre-Scheele, 80 S., 660 Farbfotos, kartoniert. ●●

Pergamano
Pergamentpapier filigran gestalten
(**5202**-2) Von J. Allmann, 32 S., 51 Farbfotos, 5 Zeichnungen, mit Vorlagebogen in Originalgröße, kart. ●

Heut basteln wir mit Pappe und Papier
(**4413**-5) Von U. Barff, J. Maier, 224 S., 117 Farbfotos, 480 Farbzeichn., 25 s/w-Abb., mit Schnittmusterbogen, Pappband. ●●●

Das große farbige Bastel- und Werkbuch
(**4439**-9) Von D. Rex, 256 S., 999 Farbfotos, 33 Farbzeichnungen, Pappband. ●●●●

Mein liebstes Spiel- und Bastelbuch
Die Welt der Dinosaurier
Tiere und Landschaften zum Selbermachen Ausbrechen, aufstellen, spielen
(**4478**-X) Von B. Burkart, 8 Blatt mit herauslösbaren Motiven, 280-g-Karton mit Stanzung, 8 S. Bastelanleitung und Sachinformation. ●●

Mein liebstes Spiel- und Bastelbuch
Leben auf dem Bauernhof
Tiere und Motive zum Selbermachen Ausbrechen, aufstellen, spielen
(**4479**-8) Von K. Lausche, 8 Blatt mit herauslösbaren Motiven, 280-g-Karton mit Stanzung, 8 S. Bastelanleitung und Sachinformation. ●●

Schritt für Schritt zum Scherenschnitt
Materialien · Techniken · Gestaltungsvorschläge. (**0732**-9) Von H. Klingmüller, 32 S., 38 Farbfotos, 34 Vorlagen, Pappband. ●

Fensterbilder in Scherenschnitt
(**5169**-7) Von A. Hahn, 32 S., 52 Farbfotos, 3 s/w-Fotos, mit Vorlagebogen in Originalgröße, kart. ●

Fensterbilder
Meine Lieblingstiere
(**5197**-2) Von Y. Thalheim, H. Nadolny, 32 S., 38 Farbfotos, mit Vorlagebogen in Originalgröße, kartoniert. ●

Fensterbilder Lustige Tiere
(**5210**-3) Von F. Michalski, 32 S., 47 Farbfotos, mit Vorlagebogen in Originalgröße, kart. ●

Die schönsten Fensterbilder
(**1066**-4) Von C. Kimmerle, 64 S., 100 Farbfotos, 7 Zeichnungen, kartoniert. ●●

Perfekte Fensterbilder
(**4470**-4) Von S. Haenitsch-Weiß, A. Weiß, 8 vierfarbige Bogen 280-g-Karton mit Stanzung + 16 S. zweifarbige Ein/Anleitung. ●●

Märchenhafte Fensterbilder
(**5185**-9) Von J. Maier, 32 S., 37 Farbfotos, mit Vorlagebogen in Originalgröße, kart. ●

Fensterbilder Blumen und Tiere
(**5186**-7) Von M. Twachtmann, 32 S., 41 Farbfotos, 3 Zeichnungen, mit Vorlagebogen in Originalgröße, kartoniert. ●

Papierflieger
(**5157**-3) Von T. Gött, 32 S., 73 Farbfotos, 19 Zeichnungen, mit Vorlagebogen in Originalgröße, kart. ●

Laternen und Lampions
(**5206**-5) Von C. Hüfner, 32 S., 60 Farbfotos, mit Vorlagebogen in Originalgröße, kart. ●

Mobiles aus Papier
(**5183**-2) Von J. Maier, 32 S., 17 Farbfotos, 35 Farbzeichnungen, mit Vorlagebogen in Originalgröße, kartoniert. ●

Schachteln basteln und dekorieren
(**5170**-0) Von Chr. Adjano, 32 S., 55 Farbfotos, mit Vorlagebogen in Originalgröße, kart. ●

Die große Schachtelparade
(**4438**-0) Von Present Team, 16 vierfarbige Bogen 250-g-Karton mit Schachtelstanzung mit 4 S. Einleitung. ●●●

Deco Art
Die Kunst, Geschenke zu verpacken
(**0949**-6) Von B. Niermann, 80 S., 78 Farbfotos, 191 Zeichnungen, kart. ●●

Geschenke wunderschön verpacken
(**1113**-X) Von P. Jansen, 80 S., 79 Farbfotos, 166 Farbzeichnungen, kart. ●●

Geldgeschenke · Gutscheine · Geschenkanhänger
originell gestalten und verpacken
(**1115**-6) Von S. Haenitsch-Weiß, A. Weiß, 80 S., 176 Farbfotos, kart. ●●

Geschenke verpacken für Kinderfeste
(**5195**-6) Von C. Netolitzky, 32 S., 43 Farbfotos, mit Vorlagebogen in Originalgröße, kartoniert. ●

Bunte Dekorationen für den Kindergeburtstag
Mit Spielanleitung zum Fest der Tiere
(**4471**-2) Von S. Haenitsch-Weiß, A. Weiß, 8 vierfarbige Bogen 280-g-Karton mit Stanzung + 16 S. zweifarbige Ein/Anleitung. ●●

Originelles Ambiente für Gäste
Festdekorationen
(**1049**-4) Von B. Niermann, 80 S., 125 Farbfotos, 59 Farbzeichn., kartoniert. ●●

Dekorative Schleifen
aus Bändern und Papier
(**5205**-7) Von M. Schorege, 32 S., 28 Farbfotos, 31 Farbzeichnungen, mit Vorlagebogen in Originalgröße, kart. ●●

Dekorieren und Arrangieren mit
Seidenblumen
(**5200**-6) Von M. L. Spang, 32 S., 37 Farbfotos, 14 Farbzeichnungen, mit Vorlagebogen in Originalgröße, kartoniert. ●

Glückwunschkarten
(**5179**-4) Von A. Kolb, B. Michel, 32 S., 54 Farbfotos, mit Vorlagebogen in Originalgröße, kartoniert. ●

Schmuck- und Glückwunschkarten
Papierarchitektur · Collagen · Faltschnittkarten
(**1114**-8) Von C. Sanladerer, 64 S., 55 Farbfotos, 31 Zeichnungen, kart. ●●

Altes Brauchtum neu entdeckt
Schmuck-Eier
Kunstvoll gestalten und verzieren.
(**0919**-4) Von I. Kiskalt, 32 S., 45 Farbfotos, 3 s/w-Zeichnungen, Pappband. ●

Ostereier originell dekorieren
(**5219**-7) Von W. Velte, 32 S., 44 Farbfotos, mit Vorlagebogen in Originalgröße, kartoniert. ●

Dekorationen für Ostern
(**5198**-0) Von Y. Thalheim, H. Nadolny, 32 S., 48 Farbfotos, mit Vorlagebogen in Originalgröße, kartoniert. ●

Basteln für Ostern
(**5164**-6) Von Chr. Adjano, 32 S., 47 Farbfotos, mit Vorlagebogen in Originalgröße, kartoniert. ●

Tischdekorationen für Ostern
(**5220**-0) Von Chr. Adjano, 32 S., 49 Farbfotos, mit Vorlagebogen in Originalgröße, kartoniert. ●

Weihnachtsgeschenke schön verpacken
Schachteln · Dekorationen · Geschenkpapiere (**4469**-0) Von Present Team, 10 vierfarbige Bogen 250-g-Karton mit Stanzung, 4 Bogen Geschenkpapier + 4 S. Einleitung. ●●●

Basteln und dekorieren für
Advent und Weihnachten
(**4446**-1) Von G. Teusen, C. Netolitzky, 176 S., 285 Farbfotos, mit Bastelvorlagebogen, Pappband. ●●●

Basteln für Weihnachten
(**5162**-X) Von Chr. Adjano, 32 S., 44 Farbfotos, mit Vorlagebogen in Originalgröße, kartoniert. ●

Fensterdekorationen für die Weihnachtszeit
(**5181**-6) Von Y. Thalheim, H. Nadolny, 32 S., 33 Farbfotos, mit Vorlagebogen in Originalgröße, kartoniert. ●

Fensterbilder für Advent und Weihnachten
(**5211**-1) Von M. Schorege, 32 S., 24 Farbfotos, 15 Zeichnungen, mit Vorlagebogen in Originalgröße, kartoniert. ●

Adventskränze und weihnachtliche Gestecke
(**5203**-0) Von Y. Thalheim, H. Nadolny, 32 S., 43 Farbfotos, mit Vorlagebogen in Originalgröße, kartoniert. ●

Adventskalender
(**5178**-6) Von Y. Thalheim, H. Nadolny, 32 S., 35 Farbfotos, mit Vorlagebogen in Originalgröße, kartoniert. ●

Weihnachtsbasteleien
Advents- und Weihnachtsschmuck für groß und klein
(**0667**-5) Von M. Kühnle und S. Beck, 32 S., 56 Farbfotos, 6 Zeichnungen, Pappband. ●

Trockenblumenideen
Gewürzsträuße, Gestecke, Kränze, Buketts (**0643**-8) Von R. Strobel-Schulze, 88 S., 170 Farbfotos, kartoniert. ●●

Neue zauberhafte Trockenblumen-Ideen
(**0821**-X) Von R. Strobel-Schulze, 80 S., 163 Farbfotos, kart. ●●

Phantasievolles Schminken
Verzauberte Gesichter für Maskeraden, Laienspiele und Kinderfeste
(**0907**-0) Hrsg.: H. u. Y. Nadolny, 64 S., 227 Farbfotos, kartoniert. ●●

Schminken für Kinder
(**5177**-8) Von Y. Thalheim, H. Nadolny, 32 S., 68 Farbfotos, mit Vorlagebogen in Originalgröße, kartoniert. ●

Moderne Fotopraxis
(**4401**-1) Von G. Koshofer, Prof. H. Wedewardt, 224 S., 363 Farbfotos, 106 s/w-Fotos, 5 Farb- und 24 s/w-Zeichnungen, Pappband. ●●●

Mach dir ein Bild
Praxistips für Foto, Film und Video
(**4410**-0) Von G. Staab, 208 S., 202 Farbfotos, 175 s/w-Fotos, 1 Zeichnung, Pappband. ●●●

So macht man bessere Fotos
(**1158**-X) Von G. Koshofer, 144 S., 259 Farbfotos, 25 s/w-Fotos, kartoniert. ●●

Aktfotografie
Interpretationen zu einem unerschöpflichen Thema. Gestaltung · Technik · Spezialeffekte. (**0737**-X) Von H. Wedewardt, 88 S., 144 Farb- und 6 s/w-Fotos, 6 Zeichnungen, kart. ●●

Videografieren
Filmen mit Video 8. Technik – Bildgestaltung – Schnitt – Vertonung.
(**0843**-0) Von M. Wild, K. Möller, 120 S., 101 Farbfotos, 22 s/w-Fotos, 52 Zeichnungen, kart. ●●●

Videografieren perfekt
Profitricks für Aufnahmetechnik und Nachbearbeitung
(**0969**-0) Von W. Schild, 120 S., 144 Farbabb., 5 s/w-Zeichnungen, kart. ●●●

Do it yourself und Technik

Do it yourself
Kleinmöbel aus Holz
(**0905**-4) Von O. Maier, 128 S., 210 Farbfotos, 80 Zeichnungen, kart. ●●

Do it yourself
Sanitärinstallationen
(**1118**-0) Von W. Kawlath, 96 S., 214 Farbabbildungen, kartoniert. ●●

Do it yourself
Metall bearbeiten
(**1119**-9) Von O. Maier, 96 S., 230 Farbfotos, 6 s/w-Zeichnungen, kartoniert. ●●

Do it yourself
Elektroarbeiten
(**0975**-5) Von K. H. Schubert, 120 S., 193 Farbfotos, 40 Zeichnungen, kartoniert. ●●

Do it yourself
Fahrrad-Reparaturen
(**0796**-5) Von R. van der Plas, 112 S., 140 Farbfotos, 113 farbige Zeichnungen, kartoniert. ●●

Möbel
aufarbeiten, reparieren, pflegen
(**0386**-2) Von E. Schnaus-Lorey, 96 S., 28 Fotos, 101 Zeichnungen, kartoniert. ●

Restaurieren von Möbeln
Stilkunde, Materialien, Techniken, Arbeitsanleitungen in Bildfolgen.
(**4120**-9) Von E. Schnaus-Lorey, 152 S., 37 Farbfotos, 75 s/w-Fotos, 352 Zeichnungen, Pappband. ●●●●

FALKEN-Heimwerker-Praxis
Mofa- und Moped-Reparaturen
(**1008**-7) Von T. Kohlmey, 128 S., 280 Farbabbildg. und Zeichnungen, kartoniert. ●●

Elektronik als Hobby
Von der Grundlagenschaltung zum integrierten Schaltkreis
Mit 8 wichtigen Universalplatinen
(**4293**-0) Von W. Priesterath, 264 S., 80 s/w-Fotos, 128 Zeichnungen, Pappband. ●●●

Anlagenbau in Modultechnik
für Modelleisenbahnen und Dioramen.
(**0845**-7) Von J. Thal, 104 S., 68 Farbfotos, 28 Zeichnungen, kartoniert. ●●●

Kleine Welt auf Rädern
Das faszinierende Spiel mit **Modelleisenbahnen** (**4175**-6) Von F. Eisen, 256 S., 72 Farb- und 180 s/w-Fotos, 25 Zeichnungen, Pappband. ●●●

Die Super-Sportwagen der Welt
(**4423**-2) Von H. G. Isenberg, 194 S., 184 Farbfotos, 4 farbige Ausklapptafeln, 32 s/w-Fotos, Pappband. ●●●●

Die Super-Oldtimer der Welt
(**4465**-8) Von H. G. Isenberg, 194 S., 161 Farb- und 36 s/w-Fotos, 4 Ausklapptafeln, Pappband. ●●●●

Die Super-Trucks der Welt
(**4257**-4) Von H. G. Isenberg, 194 S., 205 Farbfotos, 87 s/w-Fotos, 7 Farbzeichnungen, 4 farb. Ausklapptafeln, Pappband. ●●●●

Die Super-Motorräder der Welt
(**4193**-4) Von H. G. Isenberg, 192 S., 170 Farb- und 100 s/w-Fotos, 8 Zeichnungen, Pappband. ●●●●

Die Super-Eisenbahnen der Welt
(**4287**-6) Von W. Kosak, H. G. Isenberg, 224 S., 269 Farbfotos, 79 s/w-Fotos, 8 Vignetten, 5 farb. Ausklapptafeln, Pappband. ●●●●

Die Super-Dampfloks der Welt
(**4480**-1) Von H. Faust, H. G. Isenberg, 194 S., 193 Farbfotos, mit vier Ausklapptafeln, Pappband. ●●●●

Plastikmodellbau
Autos, Schiffe, Flugzeuge in vollendeter Technik.
(**1116**-4) Von W. Kawlath, 96 S., 272 Farbabbildungen, kartoniert. ●●

Sport und Fitneß

Neue Lehrmethoden der Judo-Praxis
(**0424**-9) Von P. Herrmann, 223 S., 475 Abb., kartoniert. ●●

Fit mit Judo
(**2319**-7) Von K. Fuchs, 112 S., 193 Farbfotos, kartoniert. ●●

Fußwürfe
für Judo, Karate und Selbstverteidigung.
(**0439**-7) Von H. Nishioka, übers. von H. J. Heese, 96 S., 260 Abb., kart. ●●

Modernes Karate
Das große Standardwerk mit 2279 Abbildungen.
(**4280**-9) Von T. Okazaki, Dr. med. M. V. Stricevic, übers. von M. Pabst, 376 S., 2279 s/w-Abb., Pappband. ●●●●●

Nakayamas Karate perfekt 1
Einführung.
(**0487**-7) Von M. Nakayama, 136 S., 605 s/w-Fotos, kart. ●●

Nakayamas Karate perfekt 2
Grundtechniken.
(**0512**-1) Von M. Nakayama, 136 S., 354 s/w-Fotos, 53 Zeichnungen, kart. ●●

Nakayamas Karate perfekt 3
Kumite 1: Kampfübungen.
(**0538**-5) Von M. Nakayama, 128 S., 424 s/w-Fotos, kart. ●●

Nakayamas Karate perfekt 4
Kumite 2: Kampfübungen.
(**0547**-4) Von M. Nakayama, 128 S., 394 s/w-Fotos, kart. ●●

Nakayamas Karate perfekt 5
Kata 1: Heian, Tekki.
(**0571**-7) Von M. Nakayama, 144 S., 1229 s/w-Fotos, kart. ●●

Nakayamas Karate perfekt 6
Kata 2: Bassai-Dai, Kanku-Dai.
(**0600**-4) Von M. Nakayama, 144 S., 1300 s/w-Fotos, 107 Zeichnungen, kart. ●●

Nakayamas Karate perfekt 7
Kata 3: Jitte, Hangetsu, Empi.
(**0618**-7) Von M. Nakayama, 144 S., 1988 s/w-Fotos, 105 Zeichnungen, kart. ●●

Nakayamas Karate perfekt 8
Gankaku, Jion. (**0650**-0) Von M. Nakayama, 144 S., 1174 s/w-Fotos, 99 Zeichnungen, kart. ●●

Fit mit Karate
(**2308**-1) Von A. Pflüger, 96 S., 134 Farbfotos, 4 s/w-Zeichnungen, kart. ●●

25 Shotokan-Katas
Auf einen Blick: Karate-Katas für Prüfungen und Wettkämpfe.
(**0859**-7) Von A. Pflüger, 88 S., 185 s/w-Abb., 24 ganzseitige Tafeln mit über 1.600 Einzelschritten, kart. ●●

Bo-Karate
Habo-Jitsu – die Techniken des Stockkampfes.
(**0447**-8) Von G. Stiebler, 176 S., 424 s/w-Fotos, 38 Zeichnungen, kart. ●●

Karate 1
Einführung · Grundtechniken.
(**0227**-0) Von A. Pflüger, 144 S., 195 s/w-Fotos, 120 Zeichnungen, kart. ●

Karate 2
Kombinationstechniken · Katas.
(**0239**-4) Von A. Pflüger, 176 S., 452 s/w-Fotos und Zeichnungen, kart. ●

Karate Kata 1
Heian 1–5, Tekki 1, Bassai Dai.
(**0683**-7) Von W.-D. Wichmann, 164 S., 703 s/w-Fotos, kart. ●●

Karate Kata 2
Jion, Empi, Kanku-Dai, Hangetsu.
(**0723**-X) Von W.-D. Wichmann, 140 S., 661 s/w-Fotos, 4 Zeichnungen, kart. ●●

Karate Kata 3
Bassai Sho, Kanku Sho, Nijushiho, Sochin
(**1120**-2) Von W.-D. Wichmann, 144 S., 598 s/w-Fotos, 4 Grafiken, kart. ●●

Der König des Kung Fu
Bruce Lee
Sein Leben und Kampf
Von seiner Frau Linda
(**0392**-7) Von Linda Lee, 136 S., 104 s/w-Fotos, kartoniert. ●●

Bruce Lees Kampfstil 1
Grundtechniken.
(**0473**-7) Von B. Lee, M. Uyehara, 109 S., 220 Abb., kart. ●

Bruce Lees Kampfstil 2
Selbstverteidigungs-Techniken.
(**0486**-9) Von B. Lee, M. Uyehara, 128 S., 310 Abb., kart. ●

Bruce Lees Kampfstil 3
Trainingslehre.
(**0503**-2) Von B. Lee, M. Uyehara, 112 S., 246 Abb., kart. ●

Bruce Lees Kampfstil 4
Kampftechniken.
(**0523**-7) Von B. Lee, M. Uyehara, 104 S., 211 Abb., kart. ●

Kung-Fu 1
Legende · Philosophie · Grundtechniken
(**0891**-0) Von Chr. Yim, 152 S., 401 s/w-Fotos, 2 s/w-Zeichnungen, kart. ●●

Kung-Fu und Tai-Chi
Grundlagen und Bewegungsabläufe
(**0367**-6) Von B. Tegner, 182 S., 370 s/w-Fotos, kart. ●●

Kung Fu
Theorie und Praxis klassischer und moderner Stile
(**0376**-5) Von M. Pabst, 160 S., 330 Abbildungen, kartoniert. ●●

Bruce Lees Jeet Kune Do
(**0440**-0) Von B. Lee, 192 S., mit 105 eigenhändigen Zeichnungen von B. Lee, kart. ●●

Shaolin-Kempo – Kung-Fu
Chinesisches Karate im Drachenstil.
(**0395**-1) Von R. Czerni, K. Konrad, 246 S., 723 Abb., kart. ●●

Kickboxen
Fitneßtraining und Wettkampfsport.
(**0795**-7) Von G. Lemmens, 96 S., 208 s/w-Fotos, 23 Zeichnungen, kart. ●●

Ninja 1
Die Lehre der Schattenkämpfer.
(**0758**-2) Von S. K. Hayes, übers. von J. Schmit, 144 S., 137 s/w-Fotos, kart. ●●

Ninja 2
Die Wege zum Shoshin.
(**0763**-9) Von S. K. Hayes, übers. von J. Schmit, 160 S., 309 s/w-Fotos, 2 Zeichnungen, kart. ●●

Ninja 3
Der Pfad des Togakure-Kämpfers.
(**0764**-7) Von S. K. Hayes, übers. von J. Schmit, 144 S., 197 s/w-Fotos, 2 Zeichnungen, kart. ●●

Ninja 4
Das Vermächtnis der Schattenkämpfer.
(**0807**-4) Von S. K. Hayes, übers. von J. Schmit, 196 S., 466 s/w-Fotos, kart. ●●

Taekwondo perfekt 1
Die Formenschule bis zum Blaugurt.
(**0890**-2) Von K. Gil, Kim Chul-Hwan, 176 S., 439 s/w-Fotos, 107 Zeichnungen, kart. ●●

Taekwondo perfekt 2
Die Formenschule vom Blau- bis zum Schwarzgurt
(**0976**-3) Von K. Gil, K. Chul-Hwan, 192 S., 461 s/w-Fotos, 112 Zeichnungen, kart. ●●

Taekwondo perfekt 3
(**1068**-0) Von K. Gil, K. Chul-Hwan, 200 S., 429 s/w-Fotos, kartoniert. ●●

Taekwondo
Koreanischer Kampfsport
(**0347**-1) Von K. Gil, 152 S., 408 Abbildungen, kartoniert. ●●

Ju-Jutsu als Wettkampf
(**0826**-0) Von G. Kulot, 168 S., 418 s/w-Fotos, 2 Zeichnungen, kart. ●●

Ju-Jutsu 1
Grundtechniken · Moderne Selbstverteidigung.
(**0276**-9) Von W. Heim, F. J. Gresch, 164 S., 450 s/w-Fotos, 8 Zeichn., kart. ●

Ju-Jutsu 2
für Fortgeschrittene und Meister.
(**0378**-1) Von W. Heim, F. J. Gresch, 160 S., 798 s/w-Fotos, kart. ●●

Ju-Jutsu 3
Spezial-, Gegen- und Weiterführungs-Techniken · Stockkampfkunst.
(**0485**-0) Von W. Heim, F. J. Gresch, 200 S., über 600 s/w-Fotos, kart. ●●

Aikido
Lehren und Techniken des harmonischen Weges.
(**0537**-7) Von R. Brand, 280 S., 697 Abb., kart. ●●

Hap Ki Do
Koreanische Selbstverteidigung nach dem Lehrsystem des Großmeisters.
(**0379**-X) Von Kim Sou Bong, 112 S., 152 Abb., kart. ●●

Dynamische Tritte
Grundlagen für den Zweikampf. (**0438**-9) Von C. Lee, 96 S., 398 s/w-Fotos, 10 Zeichnungen, kart. ●●

Selbstverteidigung
Abwehrtechniken für Sie und Ihn.
(**0853**-8) Von E. Deser, 96 S., 259 s/w-Fotos, kart. ●

Die Faszination athletischer Körper
Bodybuilding
mit Weltmeister Ralf Möller.
(**4281**-7) Von R. Möller, 128 S., 169 Farbfotos, 14 s/w-Fotos, 1 Farbzeichnung, Pappband. ●●●●

Ladyfitneß
Das neue Körperbewußtsein der Frau
Bodyshaping · Körperpflege · Ernährung · Entspannung
(**4433**-X) Von Prof. Dr. S. Starischka, B. Grabis, D. von Cramm, G. W. Kienitz, 128 S., 227 Farbfotos, Pappband. ●●●

Bodybuilding für Frauen
Wege zu Ihrer Idealfigur
(**0661**-6) Von H. Schulz, 112 S., 84 s/w-Fotos, 4 Zeichnungen, kart. ●

Fit mit Bodybuilding
(**2314**-6) Von L. Spitz, 112 S., 203 Farbabbildungen, 10 Tabellen. ●●

Bodybuilding
Anleitung zum Muskel- und Konditionstraining für sie und ihn
(**0604**-7) Von R. Smolana, 160 S., 171 s/w-Fotos, kartoniert. ●●

Leistungsfähiger durch Krafttraining
Eine Anleitung für Fitness-Sportler, Trainer und Athleten.
(**0617**-9) Von W. Kieser, 96 S., 20 s/w-Fotos, 62 Zeichnungen, kart. ●

Hanteltraining zu Hause
(**0800**-7) Von W. Kieser, 80 S., 71 s/w-Fotos, 4 Zeichnungen, kartoniert. ●

Fit und gesund
Fitneßtraining und Bodybuilding zu Hause. Trainingsprogramme für Ihr Wohlbefinden.
(**0782**-5) Von Prof. Dr. S. Starischka, 80 S., 100 Farbfotos, 3 Zeichnungen, kart. ●●

Optimale Ernährung
für Krafttraining und Bodybuilding.
(**0912**-7) Von B. Dahmen, 88 S., 8 Farbtafeln, 8 Zeichnungen, kart. ●

Fit mit Bio-Training
für Kraft, Ausdauer und Schnelligkeit.
(**2310**-3) Von L. Spitz, 112 S., 197 Farbfotos, 11 Farb- und 4 s/w-Zeichnungen, kart. ●●

Gesund und fit durch **Konditionstraining und Wirbelsäulengymnastik**
(**0844**-9) Von R. Milser und K. Grafe, 104 S., 99 Farbfotos, 12 Farbzeichnungen, 5 s/w-Zeichnungen, kart. ●●

Fit mit Tai Chi
als sanfte Körpererfahrung
(**2305**-7) Von B. u. K. Moegling, 112 S., 121 Farbfotos, 6 Farb-u. 4 s/w-Zeichnungen, kart. ●●

Isometrisches Training
Übungen für Muskelkraft und Entspannung.
(**0529**-6) Von L. M. Kirsch, 104 S., 150 s/w-Fotos, kart. ●●

Stretching
Mit Dehnungsgymnastik zu Entspannung, Geschmeidigkeit und Wohlbefinden.
(**0717**-5) Von H. Schulz, 80 S., 90 s/w-Fotos, kart. ●

Fit mit Stretching
(**2304**-9) Von B. Kurz, 96 S., 255 Farbfotos, kart. ●●

Gesund und fit durch Gymnastik
(**0366**-8) Von H. Pilss-Samek, 88 S., 130 Abb., kart. ●

Fit und frisch
Gymnastik für die ganze Familie
(**6501**-9) Von G. Sieber, 104 S., 306 Farbfotos, 5 Farbzeichnungen, kart., mit Audiokassette, Laufzeit 30 Min. ●●●

Fit mit Laufen
(**2315**-4) Von W. Sonntag, 96 S., 60 Farbfotos, 8 Farbzeichnungen, kart. ●●

Spaß am Laufen
Jogging für die Gesundheit
(**0470**-2) Von W. Sonntag, 140 S., 41 s/w-Fotos, 1 Zeichnung, kartoniert. ●

ZDF Sportjahrbuch 90
Rekorde · Siege · Schicksale · Ergebnisse
Die Höhepunkte der Fußball-WM
(**4481**-X) Hrsg. von Bernd Heller, 208 S., 245 Farbfotos und Tabellen, kart. ●●●

Skateboard
Material · Technik · Fahrpraxis
(**1104**-0) Von F. Böhm, M. Rieger, 96 S., 321 Farbabbildungen, kartoniert. ●●●

Fit mit Sportschießen
(**2312**-X) Von H. Gabelmann, 96 S., 44 Farbabbildungen, 3 s/w-Fotos, 19 s/w-Zeichnungen, kart. ●●

Fechten
Florett · Degen · Säbel.
(**0449**-4) Von E. Beck, 88 S., 185 Fotos, 10 Zeichnungen, kart. ●●

Fit mit Sportabzeichen
(**2307**-3) Von G. Hennige, 104 S., 107 Farbfotos, kart. ●●

Volleyball
Technik · Taktik · Regeln.
(**0351**-X) Von H. Huhle. 104 S., 330 Abb., kart. ●

Fit mit Volleyball
(**2302**-2) Von Dr. A. Scherer, 104 S., 27 Farb- und 1 s/w-Foto, 12 Farb- und 29 s/w-Zeichnungen, kart. ●●

Fit mit Fußball
(**2309**-X) Von H. Obermann, P. Walz, 112 S., 47 Farbfotos, 18 Farb- und 25 s/w-Zeichnungen, kart. ●●

Sepp Maier
Super-Torwart-Training
(**4451**-8) Von S. Maier, 168 S., 30 Farb- und 34 s/w-Fotos, 236 zweifarbige Zeichnungen, Pappband. ●●●

Fußball-Jahrbuch 90
Mit großem Sonderteil Fußball-WM
(**4489**-5) Hrsg. von H. Faßbender, 208 S., 310 Farbfotos und Tabellen, kart. ●●●

SportRegeln Fußball
Die offiziellen Regeln
Wissenswertes von A bis Z
(**1096**-6) 104 S., 36 s/w-Fotos, 27 Zeichnungen, kart. ●

Handball
Technik · Taktik · Regeln.
(**0426**-5) Von F. und P. Hattig, 128 S., 91 s/w-Fotos, 121 Zeichnungen, kart. ●●

Handball
Grundlagen für Training und Spiel
(**2321**-9) Von H.-P. Oppermann, 120 S., 39 Farbtafeln, 12 s/w-Fotos, 108 Farbzeichnungen, kartoniert. ●●

SportRegeln Handball
Die offiziellen Regeln
Wissenswertes von A bis Z
(**1099**-6) 88 S., 32 s/w-Fotos, 14 Zeichnungen, kart. ●

Tennis
Technik · Taktik · Regeln.
(**0375**-7) Von W. u. S. Taferner, 112 S., 81 Abb., kart. ●

SportRegeln Tennis
Die offiziellen Regeln
Wissenswertes von A bis Z
(**1097**-4) 88 S., 24 s/w-Fotos, 6 Zeichnungen, kart. ●

Tischtennis-Technik
Der individuelle Weg zu erfolgreichem Spiel.
(**0775**-2) Von M. Perger, 144 S., 296 Abb., kart. ●●

Badminton
Technik · Taktik · Training.
(**0699**-3) Von K. Fuchs, L. Sologub, 168 S., 51 Abb., kart. ●●

Fit mit Squash
(**2311**-1) Von P. Langhammer, R. Michna, 96 S., 86 Farbfotos, 13 Farbzeichn., kart. ●●

Squash
Ausrüstung · Technik · Regeln
(**0539**-3) Von D. von Horn, H.-D. Stünitz, 96 S., 55 s/w-Fotos, 25 Zeichnungen, kart. ●

SportRegeln Squash
Die offiziellen Regeln
Wissenswertes von A bis Z
(**1100**-8) 64 S., 11 s/w-Fotos, 23 Zeichnungen, kart. ●

Golf
Ausrüstung und Technik.
(**0343**-9) Von J. C. Jessop, übersetzt von H. Biemer, mit einem Vorwort von H. Krings, Präsident des Deutschen Golf-Verbandes, 96 S., 57 Abb., Anhang Golfregeln des DGV, kart. ●●

Eishockey
Lauf- und Stocktechnik, Körperspiel, Taktik, Ausrüstung und Regeln. (**0414**-1) Von J. Capla, 264 S., 548 s/w-Fotos, 163 Zeichnungen, kart. ●●

Pool-Billard
(**0484**-2) Herausgegeben vom Deutschen Pool-Billard-Bund. Von M. Bach, K.-W. Kühn, 104 S., 64 Abb., kart. ●

Tanzstunde
Das Welttanzprogramm leicht gelernt
(**4409**-2) Von G. Hädrich, 164 S., 489 s/w-Fotos, 63 Zeichnungen, Pappband. ●●●

Tanzen
(**2303**-0) Von K. Richter, H. Kleinow, 96 S., 102 Farbfotos, kart. ●●

Wir lernen Tanzen
(**0200**-9) Von E. Fern, 152 S., 119 s/w-Fotos, 47 Zeichnungen, kartoniert. ●●

Dancing
Moderne Discotänze: mit Mambo und Salsa
(**0977**-1) Von B. und F. Weber, 96 S., 207 s/w-Fotos, kart. ●●

Dirty Dancing
Step by Step leicht gelernt
(**0992**-5) Von D. Glück, G. Teusen, 80 S., 140 Farbfotos, kart. ●●

Anmutig und fit durch
Bauchtanz
(**0911**-9) Von Marta, 120 S., 229 Farbfotos, 6 s/w-Zeichnungen, kart. ●●

Sporttauchen
Theorie und Praxis des Gerätetauchens
(**0647**-0) Von S. Müßig, 144 S., 8 Farbtafeln, 35 s/w-Fotos, 89 Zeichnungen, kart. ●●

Fit mit Sporttauchen
(**2320**-0) Von Dr. F. Naglschmid, 112 S., 71 Farbfotos, 21 Zeichnungen, kart. ●●

Angelfischerei von Aal bis Zander
Fische · Geräte · Technik.
(**0324**-2) Von H. Oppel, 72 S., 16 Farbtafeln, 49 s/w-Abb., kart., ●●

Angeln
Kleine Fibel für den Sportfischer.
(**0198**-3) Von E. Bondick, 80 S., 4 Farbtafeln, 116 Abb., kart. ●

Fit mit
Surfen
(**2317**-3) Von H. Mönster, K.-H. Eden, B. Bohr, 104 S., 110 Farbfotos, 23 s/w-Zeichnungen, kartoniert. ●●

TELESKI
Skigymnastik perfekt
(**1037**-0) Von M. Vorderwülbecke, G. Kern, 120 S., 220 Farbfotos, 16 farbige Grafiken, 19 Farbzeichnungen, kartoniert. ●●

Fibel für Kegelfreunde
Sport- und Freizeitkegeln · Bowling
(**0191**-6) Von G. Bocsai, 72 S., 62 Abb., kart. ●

Fit mit Kegeln
(**2301**-4) Von G. Gromann, 96 S., 51 Farbfotos, 50 Farb- und 4 s/w-Zeichnungen, kart. ●●

111 spannende Kegelspiele
(**2031**-7) Von H. Regulski, 80 S., 53 Zeichnungen, kart. ●

Beliebte und neue
Kegelspiele
(**0271**-8) Von H. Regulski, 92 S., 62 Abbildungen, kartoniert. ●

Schach

Einführung in das Schachspiel
(**0104**-5) Von W. Wollenschläger und K. Colditz, 112 S., 116 Diagramme, kart. ●

Schach, das königliche Spiel
Von den Grundzügen zum strategischen Spiel.
(**1105**-9) Von T. Schuster, 192 S., 302 Diagramme, kart. ●●

Spielend Schach lernen
(**2002**-3) Von T. Schuster, 96 S., kartoniert. ●

Kinder- und Jugendschach
Offizielles Lehrbuch des Deutschen Schachbundes zur Erringung der Bauern-, Turm- und Königsdiplome.
(**0561**-X) Von B. J. Withuis, H. Pfleger, 144 S., 220 Zeichnungen und Diagramme, kart. ●●

Zug um Zug
Schach für jedermann 1
Offizielles Lehrbuch des Deutschen Schachbundes zur Erringung des Bauerndiploms.
(**0648**-9) Von H. Pfleger, E. Kurz, 80 S., 24 s/w-Fotos, 8 Zeichn., 60 Diagramme, kart. ●

Zug um Zug
Schach für jedermann 2
Offizielles Lehrbuch des Deutschen Schachbundes zur Erringung des Turmdiploms.
(**0659**-4) Von H. Pfleger, E. Kurz, 128 S., 7 s/w-Fotos, 13 Zeichnungen, 78 Diagramme, kart. ●

Zug um Zug
Schach für jedermann 3
Offizielles Lehrbuch des Deutschen Schachbundes zur Erringung des Königdiploms.
(**0728**-0) Von H. Pfleger, G. Treppner, 128 S., 4 s/w-Fotos, 84 Diagramme, 10 Zeichnungen, kart. ●●

Schach für Fortgeschrittene
Taktik und Probleme des Schachspiels
(**0219**-X) Von R. Teschner, 88 S., 85 Diagramme, kart. ●

Neue Schacheröffnungen
(**0478**-8) Von T. Schuster, 104 S., 100 Diagramme, kart. ●

Klassische Schacheröffnungen
(**1086**-9) Von T. Schuster, 144 S., zahlr. Diagramme, kart. ●●

Najdorf für Turnierspieler
Theorie und Praxis eines komplexen Eröffnungssystems. (**1121**-0) Von Dr. J. Nunn, 304 S., 202 Diagramme, kart. ●●●

Lehr-, Übungs- und Testbuch der
Schachkombinationen
(**0649**-7) Von K. Colditz, 184 S., 227 Diagramme, kartoniert. ●●

Erfolgreiche Schachlehre
Eröffnungs- und Mittelspielstrategie
(**0991**-7) Von D. Bronstein, 254 S., 201 Diagramme, Pappband. ●

Spaß am Kombinieren
(**1057**-5) Von A. Pötzsch, 192 S., 365 Diagramme, Pappband. ●●

Erfolgreich angreifen
Der Königsflügel im Visier
(**1058**-3) Von J. Neistadt, 192 S., 183 Diagramme, Pappband. ●●

Erfolgreich angreifen
Der Damenflügel und das Zentrum im Visier
(**1123**-7) Von J. Neistadt, 172 S., 163 Diagramme, Pappband. ●●

Sizilianisch siegen
durch die Kunst der Verteidigung
(**0990**-2) Von M. Taimanow, 160 S., 124 Diagramme, Pappband. ●●

Schach dem König
333 Kurzpartien unter 30 Zügen
(**1124**-5) Von A. Roismann, 272 S., 222 Diagramme, Pappband. ●●

Schnelle Schachsiege
Das meisterliche Gambitspiel
(**1038**-9) Von S. Samarian, 28 S., 125 Diagramme, kartoniert. ●●

Offizielles Lehrbuch des Deutschen Schachbundes
Das systematische Schachtraining
Trainingsmethoden, Strategien und Kombinationen.
(**0857**-0) Von Sergiu Samarian, 152 S., 159 Diagramme, 1 Zeichnung, kartoniert. ●●

Taktische Schachendspiele
(**0752**-3) Von J. Nunn, 208 S., 152 Diagramme, kart. ●●

Schachstrategie
Ein Intensivkurs mit Übungen und ausführlichen Lösungen.
(**0584**-9) Von A. Koblenz, dt. Bearb. von K. Colditz, 212 S., 240 Diagramme, kart. ●●

Schachtraining mit den Großmeistern
(**0670**-5) Von H. Bouwmeester, 128 S., 90 Diagramme, kart. ●●

So denkt ein Schachmeister
Strategische und taktische Analysen.
(**0915**-1) Von H. Pfleger, G. Treppner, 120 S., 75 Diagramme, kart. ●●

Schach als Kampf
Meine Spiele und mein Weg.
(**0729**-9) Von G. Kasparow, 144 S., 95 Diagramme, 9 s/w-Fotos, kart. ●●

Kasparows Schacheröffnungen
(**1021**-4) Von O. Borik, 136 S., 16 s/w-Fotos, kartoniert. ●●

Schach-WM 1990
Kasparow-Karpow
(**1122**-9) Von O. Borik, Dr. H. Pfleger, 136 S., zahlreiche Diagramme, kartoniert. ●●

Mensch und Gesundheit

Der moderne Ratgeber
Wir werden Eltern
Schwangerschaft · Geburt · Erziehung des Kleinkindes.
(**4269**-8) Von B. Nees-Delaval, 376 S., 335 2-farbige Abb., Pappband. ●●●●

Wenn Sie ein Kind bekommen
(**4003**-2) Von U. Klamroth, Dr. med. H. Oster, 240 S., 86 s/w-Fotos, 30 Zeichnungen, kartoniert. ●●●

Wenn der Mensch zum Vater wird
Ein heiter-besinnlicher Ratgeber
(**4259**-0) Von D. Zimmer, 160 S., 20 Zeichnungen, Pappband. ●●●

Vorbereitung auf die Geburt und
Schwangerschaftsgymnastik
Atmung, Rückbildungsgymnastik.
(**0251**-3) Von S. Buchholz, 112 S., 98 s/w-Fotos, kartoniert. ●

Die Kunst des Stillens
nach neuesten Erkenntnissen (**0701**-9) Von Prof. Dr. med. E. Schmidt, S. Brunn, 112 S., 20 Fotos und Zeichnungen, kart. ●

Das Babybuch
Pflege · Ernährung · Entwicklung
(**0531**-8) Von A. Burkert, 96 S., 76 zweifbg. Zeichnungen, 22 s/w-Zeichnungen, kart. ●●

Babyfitneß
Massage, Spiele, Gymnastik und Schwimmen für Kinder im 1. Lebensjahr
(**1034**-6) Von G. Zeiß, 112 S., 179 zweifarbige Illustrationen, kartoniert. ●●

Wenn Kinder krank werden
Medizinischer Ratgeber für Eltern
(**4240**-X) Von Dr. med. I. J. Chasnoff, B. Nees-Delaval, 232 S., 163 Zeichnungen, Pappband. ●●●

Keinen Mann um jeden Preis
Das neue Selbstverständnis der Frau in der Partnerbeziehung
(**4440**-2) Von Shere Hite, Kate Colleran, 208 S., Pappband. ●●●

Total verknallt ... und keine Ahnung?
Alles über Liebe, Sex und Zärtlichkeit
(**1024**-9) Von H. Bruckner, R. Rathgeber, 104 S., 38 Abbildungen, kartoniert. ●●

Sinnliche Liebe
Sex und Partnerschaft
(**4436**-4) Von Dr. A. Stanway, 160 S., 60 vierfarbige Illustrationen, Pappband. ●●●●

Streicheleinheiten für Körper und Seele
Partnermassage
(**4444**-5) Von Chr. Unseld-Baumanns, 136 S., 145 Farbfotos, Pappband. ●●●●

Bildatlas des menschlichen Körpers
(**4177**-2) Von G. Pogliani, V. Vannini, 112 S., 402 Farbabb., 28 s/w-Fotos, Pappband. ●●●

Nahrungsmittelallergien
So ernähren Sie sich richtig!
(**0913**-5) Von Priv.-Doz. Dr. med. Dr. med. habil. J. von Mayenburg, Prof. Dr. med. Dr. phil. S. Borelli, E. Polster, 136 S., kart. ●●

Arteriosklerose
Risikofaktoren/Vorbeugung/Therapie
Richtige Ernährung bei erhöhtem Cholesterinspiegel.
(**1020**-6) Von Prof. Dr. med. G. Assmann, Dr. troph. U. Wahrburg, 192 S., 84 farb. Abb., 4 s/w-Zeichnungen, kartoniert. ●●●

Asthma
Pseudokrupp, Bronchitis und Lungenemphysem
Krankheitsbilder · Diagnose · Therapie
(**1126**-1) Von Prof. Dr. med. W. Schmidt, S. Ertelt, 152 Seiten, 110 zweifarbige Zeichnungen, kartoniert. ●●●

Asthma
Pseudokrupp, Bronchitis und Lungenemphysem. (**0778**-7) Von Prof. Dr. med. W. Schmidt, 120 S., 56 Zeichnungen, kart. ●

Gallenleiden
Krankheitsbilder, Behandlung, Therapieverfahren, Selbstbehandlung. Richtige Lebensführung und Ernährung.
(**0673**-X) Von Dr. med. K. Steffens, 104 S., 34 Zeichnungen, kartoniert. ●

Diabetes
Krankheitsbild, Therapie, Kontrollen, Schwangerschaft, Sport, Urlaub, Alltagsprobleme. Neueste Erkenntnisse der Diabetesforschung. (**0895**-3) Von Dr. med. H. J. Krönke, 120 S., 4 Farbtafeln, 14 s/w-Fotos, 13 s/w-Zeichnungen, kartoniert. ●

Krampfadern
Ursachen, Vorbeugung, Selbstbehandlung, Therapieverfahren. (**0727**-2) Von Dr. med. K. Steffens, 112 S., 38 Abb., kartoniert. ●

Das moderne Hausbuch der Naturheilkunde
Neueste Erkenntnisse der Ganzheitsmedizin von Akupressur bis Zelltherapie.
(**4403**-8) Von G. Leibold, 448 S., 263 Farbzeichn., 15 s/w-Fotos, Pappband. ●●●●

Naturkosmetik
Die Grundlagen gesunder und natürlicher Hautpflege.
(**1080**-X) Von N. E. Haas, 120 S., 63 Farbabb., kartoniert. ●●

Die sanfte Art des Heilens
Homöopathie
Praktische Anwendung und Arzneimittellehre
(**4418**-X) Von J. H. P. Kreuter, 216 S., 49 Zeichnungen, Pappband. ●●●

Aromatherapie
Gesundheit und Entspannung durch ätherische Öle.
(**1131**-8) Von K. Schutt, 96 S., 40 zweifarbige Abbildungen, kartoniert. ●●

Heilatmen
Ein Weg zu Lebenskraft und innerer Harmonie
(**1047**-8) Von K. Schutt, 112 S., 57 zweifarbige Abb., kartoniert. ●●●

Wetterfühligkeit
Vorbeugen und behandeln
Der Einfluß von Wetter und Klima auf Körper und Psyche.
(**0998**-4) Von Dipl.-Met. H. Trenkle, fachl. Beratung Prof. Dr. V. Faust, 120 S., 8 Farbtafeln, 31 zweifarbige Abbildungen und Tabellen, kartoniert. ●●

Bewährte Naturheilverfahren bei
Herz-Kreislauf-Erkrankungen
(**1084**-2) Von Dr. med. O. Wolff, G. Leibold, 104 S., kartoniert. ●

Krebsangst und Krebs behandeln
Mit einem Vorwort von Prof. Dr. med. Friedrich Douwes.
(**0839**-2) Von G. Leibold, 104 S., kartoniert. ●

Bewährte Naturheilverfahren bei
Krebs
(**1082**-6) Hrsg. H.-R. Heiligtag, 88 S., kartoniert. ●

Heilen mit Blütenenergien
nach Dr. Bach
(**1141**-5) Von J. Wenzel, ca. 96 S., kart. ●

Bewährte Naturheilverfahren bei
Migräne und Schlafstörungen
(**1081**-8) Von G. Leibold, Dr. med. H. Chr. Scheiner, 112 S., kartoniert. ●

Gesunder Schlaf
Schlafstörungen ohne Medikamente erfolgreich behandeln.
(**1036**-2) Von D. H. Alke, 88 S., 22 s/w-Abb., mit Audiokassette, kartoniert. ●●●

Natürliche Behandlungsmethoden bei
Rückenschmerzen
Massage · Gymnastik · Entspannung
(**4447**-X) Von Prof. Dr. med. H. Hess, K. Eder, H.-J. Montag, K. Schutt, 152 S., 168 Farbabbildungen, Pappband. ●●●

Bewährte Naturheilverfahren bei
Rückenschmerzen
mit Spezialthema Alta-Major-Methode
(**1140**-7) Von G. Leibold, ca. 96 S., kart. ●

Rheuma behandeln und lindern
Mit einem Vorwort von Dr. med. Max-Otto Bruker.
(**0836**-8) Von G. Leibold, 96 S., kartoniert. ●

Besser sehen durch Augentraining
Ein Gesundheitsprogramm zur Verbesserung des Sehvermögens.
(**0914**-3) Von K. Schutt, B. Rumpler, 96 S., 32 s/w-Zeichnungen, kartoniert. ●

Allergien behandeln und lindern
Mit einem Vorwort von Prof. Dr. med. Axel Stemmann.
(**0840**-6) Von G. Leibold, 96 S., 4 Zeichnungen, kartoniert. ●

Enzyme
Vitalstoffe für die Gesundheit
(**0677**-2) Von G. Leibold, 96 S., kartoniert. ●

Kneippkuren zu Hause
(**0779**-5) Von G. Leibold, 112 S., 25 Zeichnungen, kartoniert. ●

Besser leben durch Fasten
(**0841**-4) Von G. Leibold, 96 S., kartoniert. ●

Die echte Schroth-Kur
(**0797**-3) Von Dr. med. R. Schroth, 88 S., 2 s/w-Fotos, kartoniert. ●

Massagetechniken und Heilanzeigen
Reflexzonentherapie
(**4404**-6) Von G. Leibold, 128 S., 53 Farbzeichnungen, Pappband. ●●●

Akupressur zur Eigenbehandlung
(**0417**-6) Von G. Leibold, 112 S., 78 Abb., kartoniert. ●

Chinesische Punktmassage
Akupressur
(**4419**-4) Von F.T. Lie, 192 S., 332 zweifarbige Abb., Pappband. ●●●●

Shiatsu-Massage
Harmonisierung der Energieströme im Körper
(**0615**-2) Von G. Leibold, 196 S., 180 Abb., kartoniert. ●●●

Fußsohlenmassage
Heilanzeigen · Technik · Selbsthilfe
(**0714**-0) Von G. Leibold, 96 S., 38 Zeichnungen, kartoniert. ●

Entspannung und Schmerzlinderung durch
Massage
(**0750**-7) Von B. Rumpler, K. Schutt, 112 S., 116 zweifarbige Zeichnungen, kart. ●

Entspannung
(**0834**-1) Von Dr. med. Chr. Schenk, 88 S., 29 Zeichnungen, kart. ●

Erfolg und Lebensfreude durch
Autogenes Training und Psychokybernetik
(**1035**-4) Von D. H. Alke, 80 S., 2 s/w-Zeichnungen, mit Audiokassette, kartoniert. ●●●

Hypnose und Autosuggestion
Methoden · Heilwirkungen · praktische Beispiele. (**0483**-4) Von G. Leibold, 120 S., 9 Illustrationen, kart. ●

Chinesisches Schattenboxen
Tai-Ji-Quan
für geistige und körperliche Harmonie
(**0850**-3) Von F.T. Lie, 120 S., 221 s/w-Fotos, 9 s/w-Zeichnungen, Beilage: 1 s/w-Poster mit zahlreichen Abbildungen, kart. ●●

Yoga
Weg zur Harmonie
(**4417**-8) Von A. Harf, W. von Rohr, 176 S., 171 Farbfotos, 12 s/w-Zeichnungen, Pappband. ●●●●

Yoga gegen Haltungsschäden und Rückenschmerzen
(**0394**-3) Von A. Raab, 104 S., 215 Abb., kartoniert. ●

Neue Rezepte für **Diabetiker-Diät**
Vollwertig · abwechslungsreich · kalorienarm.
(**0418**-4) Von M. Oehlrich, 96 S., 8 Farbtafeln, kartoniert. ●

Diät bei Herzkrankheiten und Bluthochdruck
Rezeptteil von B. Zöllner.
(**3202**-1) Von Prof. Dr. med. H. Rottka, 92 S., 4 Farbtafeln, kartoniert. ●●

Diät bei Erkrankungen der Nieren, Harnwege und bei Dialysebehandlung
Rezeptteil von B. Zöllner.
(**3203**-X) Von Prof. Dr. med. Dr. h. c. H. J. Sarre und Prof. Dr. med. R. Kluthe, 96 S., 33 Farbfotos, 1 s/w-Zeichnung, kartoniert. ●●

Richtige Ernährung wenn man älter wird
Rezeptteil von B. Zöllner.
(**3204**-8) Von Prof. Dr. med. H.-J. Pusch, 96 S., 36 Farbfotos und 3 s/w-Zeichnungen, kartoniert. ●●

Diät bei Darmkrankheiten
Durchfall · Divertikulose, Reizdarm und Darmträgheit · einheimische Sprue (Zöllakie) · Disaccharidasemangel · Dünndarmresektion · Dumping Syndrom, Rezeptteil von B. Zöllner. (**3211**-0) Von Prof. Dr. med. G. Strohmeyer, 88 S., 4 Farbtafeln, kartoniert. ●●

Diät bei Gicht und Harnsäuresteinen
Rezeptteil von B. Zöllner.
(**3205**-6) Von Prof. Dr. med. N. Zöllner, 112 S., 35 Farbtafeln, kartoniert. ●●

Diät bei Zuckerkrankheit
Rezeptteil von B. Zöllner. (**3206**-4) Von Prof. Dr. med. P. Dieterle, 112 S., 42 Farbfotos, 4 vierfarbige Vignetten, 1 s/w-Zeichnung, kartoniert. ●●

Diät bei Störungen des Fettstoffwechsels und zur Vorbeugung der Arteriosklerose
Rezeptteil von B. Zöllner.
(**3208**-0) Von Prof. Dr. med. G. Wolfram, 104 S., 32 Farbfotos, kartoniert. ●●

Ballaststoffreiche Kost bei Funktionsstörungen des Darms
Rezeptteil von B. Zöllner.
(**3212**-9) Von Prof. Dr. med. H. Kasper, 96 S., 34 Farbfotos, 1 s/w-Foto, kart. ●●

Diät bei Krankheiten des Magens und Zwölffingerdarms
Rezeptteil von B. Zöllner.
(**3201**-3) Von Prof. Dr. med. H. Kaess, 96 S., 35 Farbfotos, 1 s/w-Zeichnung, kartoniert. ●●

Diät bei Krankheiten der Gallenblase, Leber und Bauchspeicheldrüse
Rezeptteil von B. Zöllner.
(**3207**-2) Von Prof. Dr. med. H. Kasper, 88 S., 35 Farbfotos, 1 s/w-Zeichnung, kart. ●●

Diät bei Übergewicht
Rezeptteil von B. Zöllner.
(**3209**-9) Von Prof. Dr. med. Ch. Keller, 104 S., 42 Farbfotos, 3 s/w-Zeichnungen, kart. ●●

Garten und Tiere

Garten heute
Der moderne Ratgeber · Über 1000 Farbbilder. (**4283**-3) Von H. Jantra, 384 S., über 1000 Farbabb., Pappband. ●●●●

Helmut Jantras Gartenbuch
Obst · Gemüse · Blumen
(**4522**-0) Von H. Jantra, 200 S., 395 Farbfotos, 123 Farbzeichnungen, 25 Tabellen, Pappband. ●●

1000 ganz bewährte Garten-Tips
(**4453**-4) Von H. Jantra, 320 S., 288 zweifarbige und 62 s/w-Zeichnungen, Pappband. ●●●

Obst, Gemüse, Blumen, Gras
Gärtnern macht den Kindern Spaß
(**4517**-4) Von U. Krüger, 96 S., 85 Farbfotos, 180 Farbzeichnungen, Pappband. ●●

Rosen
Auswahl · Pflege · Gestaltung
(**1183**-0) Von H. Jantra, 120 S., 200 Farbfotos, 20 Farbzeichnungen, 8 Bepflanzungspläne, kartoniert. ●●

Erfolgstips für den Obstgarten
Gesunde Früchte durch richtige Sortenwahl und Pflege.
(**0827**-9) Von F. Mühl, 184 S., 16 Farbtafeln, 33 Zeichnungen, kartoniert. ●●

Erfolgstips für den Gemüsegarten
Mit naturgemäßem Anbau zu höherem Ertrag. (**0674**-8) Von F. Mühl, 80 S., 30 s/w-Fotos, 4 Zeichnungen, kartoniert. ●

Mischkultur im Nutzgarten
Mit Jahreskalender und Anbauplänen.
(**0651**-9) Von H. Oppel, 112 S., 8 Farbtafeln, 23 s/w-Fotos, 29 Zeichnungen, kart. ●

Obstgehölze sachgemäß schneiden
(**1127**-X) Von P. G. Wilhelm, ca. 128 S., ca. 50 zweifarbige und 200 s/w-Zeichnungen, kartoniert. ●●

Erfolgstips für den Ziergarten
Schmuckpflanzen und Rasen richtig pflegen.
(**0930**-5) Von F. Mühl, 156 S., 12 Farbtafeln, 26 s/w-Zeichnungen, kartoniert. ●●

Erfolgreich gärtnern mit
Frühbeet und Folie
(**0828**-7) Von Dr. Gustav Schoser, 88 S., 8 Farbtafeln, 46 s/w-Fotos, kartoniert. ●

Gesunde Zierpflanzen im Garten
Krankheiten erkennen und behandeln.
Mit neuem Diagnose-System.
(**4429**-1) Von Prof. Dr. G. Stelzer, 208 S., 456 Farbfotos, 5 s/w- und 5 Farbzeichnungen, Pappband. ●●●●

Erfolgreich gärtnern
durch naturgemäßen Anbau
(**4252**-3) Von I. Gabriel, 416 S., 176 Farbfotos, 212 Farbzeichnungen, Pappband. ●●●

Aktion Garten ohne Gift
Gesunde Umwelt durch natürlichen Pflanzenschutz.
Ein Praxis-Handbuch von E. Hoplitschek u. B. M. Tegethoff. (**4425**-9) 176 S., 250 Farbfotos, 35 Farb- und 29 s/w-Zeichn., Pappband. ●●●●

Neuanlage eines Biogartens
Planung, Bodenvorbereitung, Gestaltung
(**0721**-3) Von I. Gabriel, 128 S., 73 Farbfotos, 39 Zeichnungen, kartoniert. ●●

Gesunde Pflanzen im Biogarten
Biologische Maßnahmen bei Schädlingsbefall und Pflanzenkrankheiten.
(**0707**-8) Von I. Gabriel, 128 S., 126 Farbfotos, kartoniert. ●●

Obst und Beeren im Biogarten
Gesunde und schmackhafte Früchte durch natürlichen Anbau. (**0780**-9) Von I. Gabriel, 128 S., 109 Farbabb., kartoniert. ●●

Gemüse im Biogarten
Gesunde Ernte durch natürlichen Anbau
(**0830**-9) Von I. Gabriel, 128 S., 26 Farbfotos, 86 Farbzeichnungen, kartoniert. ●●

Kräuter und Heilpflanzen im Biogarten
Gesunde Ernte durch natürlichen Anbau
(**0929**-1) Von I. Gabriel, 112 S., 63 Farbfotos, 19 Farbzeichnungen, kartoniert. ●●

Der biologische Zier- und Wohngarten
Planen, Vorbereiten, Bepflanzen und Pflegen
(**0748**-5) Von I. Gabriel, 128 S., 72 Farbfotos, 46 Farbzeichnungen, kartoniert. ●●

Kosmische Einflüsse auf unsere Gartenpflanzen
Sterne beeinflussen Wachstum und Gesundheit der Pflanzen. (**0708**-6) Von I. Gabriel, 112 S., 100 Farbabb., kartoniert. ●●

Natürlich gärtnern unter Glas und Folie
Anbauen und ernten rund ums Jahr
(**0722**-1) Von I. Gabriel, 128 S., 62 Farbfotos, 45 Farbzeichnungen, kartoniert. ●●

Dekorative Kübelpflanzen
Auswahl und Pflege
(**1074**-5) Von H. Jantra, 112 S., 180 Farbfotos, 35 Farbzeichnungen, kartoniert. ●●

Blütenpracht auf Balkon und Terrasse
(**0928**-3) Von M. Haberer, 88 S., 139 Farbfotos, kartoniert. ●●

Gemüse, Kräuter, Obst aus dem Balkongarten
Erfolgreich ernten auf kleinstem Raum
(**0694**-2) Von S. Stein, 32 S., 34 Farbfotos, 6 Zeichnungen, Spiralbindung, kart. ●

Gestaltungsideen für
Schöne Gärten
(**4482**-8) Von H. Jantra, 168 S., 309 Farbfotos, 3 s/w-Fotos, Pappband. ●●●●●

Kleingärten
Planen · Anlegen · Pflegen
(**1015**-X) Von H. Jantra, 88 S., 123 Farbfotos, 1 s/w-Foto, 14 Farbzeichnungen, kart. ●●

Reihenhausgärten
Planen · Anlegen · Pflegen
(**1016**-8) Von H. Jantra, 104 S., 134 Farbfotos, 45 Farbzeichnungen, kart. ●●

Steingärten Wirkungsvoll gestalten und sachgerecht pflegen
(**4452**-6) Von A. Throll-Keller, 128 S., 203 Farbfotos, 56 Farbzeichnungen, Pappband. ●●●●

Gartenteiche, Tümpel und Weiher
naturnah anlegen und pflegen
(**1073**-7) Von Dr. F. Liedl, H. Goos, 80 S., 87 Farbfotos, 39 Farbzeichnungen, kart. ●●

Wasser im Garten
Von der Vogeltränke zum Naturteich · Natürliche Lebensräume selbst gestalten.
(**4230**-2) Von H. Hendel, P. Keßeler, 240 S., 315 Farbabb., 11 s/w-Fotos, Pappband. ●●●●●

Mein kleiner Gartenteich
planen – anlegen – pflegen
(**0851**-1) Von I. Polascheck, 144 S., 108 Farbabb., 6 s/w-Zeichnungen, kart. ●●

Pflanzen und Tiere für den Gartenteich
(**1171**-7) Von W. Costa, 128 S., 169 Farbfotos, 40 Farbzeichnungen, 8 Bepflanzungspläne, kartoniert. ●●

Häuser in lebendigem Grün
Fassaden und Dächer mit Pflanzen gestalten
(**0846**-5) Von U. Mehl, K. Werk, 88 S., 116 Farbfotos, 4 Farb- und 17 s/w-Zeichnungen, kartoniert. ●●

Wintergärten
Das Erlebnis, mit der Natur zu wohnen. Planen, Bauen und Gestalten.
(**4256**-6) Von LOG ID, 136 S., 130 Farbfotos, 107 Zeichnungen, Pappband. ●●●●

Rund ums Jahr erfolgreich gärtnern
Gewächshäuser
planen · bauen · einrichten · nutzen
(**4408**-9) Von Dr. G. Schoser, J. Wolff, 232 S., 368 Farbabb., 5 s/w-Fotos, Pappband. ●●●●●

Ziergräser
Über 100 Arten erfolgreich kultivieren
(**0829**-5) Von H. Jantra, 104 S., 73 Farbfotos, 6 Farbzeichnungen, kartoniert. ●●

Das moderne Handbuch **Zimmerpflanzen**
(**4416**-X) Von H. Jantra, 304 S., 766 Farbfotos, 64 Farb- und 19 s/w-Zeichnungen, Pappband. ●●●●

365 Erfolgstips für schöne Zimmerpflanzen
(**0893**-7) Von H. Jantra, 144 S., 215 Farbfotos, kartoniert. ●●

Dekorative Blattpflanzen
Auswahl und Pflege
(**1128**-8) Von H. Jantra, 128 S., 198 Farbfotos, 20 Farbzeichnungen, kartoniert. ●●

Prof. Stelzers grüne Sprechstunde
Gesunde Zimmerpflanzen
Krankheiten erkennen und behandeln. Mit neuem Diagnosesystem.
(**4274**-4) Von Prof. Dr. G. Stelzer, 192 S., 410 Farbfotos, 10 s/w-Zeichnungen, Pappband. ●●●●

Hydrokultur
Pflanzen ohne Erde – mühelos gepflegt.
(**0944**-5) Von H.-A. Rotter, 144 S., 167 Farbfotos, 13 Farbzeichnungen, kart. ●●

Bonsai Japanische Miniaturbäume und Miniaturlandschaften. Anzucht, Gestaltung und Pflege.
(**4091**-1) Von B. Lesniewicz, 160 S., 106 Farbfotos, 46 s/w-Fotos, 115 Zeichnungen, gebunden. ●●●●●

Fibel für Kakteenfreunde
(**0199**-1) Von H. Herold, 102 S., 23 Farbfotos, 37 s/w-Abb., kartoniert. ●

Grzimek Juniors **BUNTE TIERWELT**
(**4295**-7) Von Chr. Grzimek, 208 S., 308 Farbfotos, Pappband. ●●●

Hunde
Rassen · Ausbildung · Pflege · Zucht
(**4118**-7) Von H. Bielfeld, 192 S., 222 Farb- und 73 s/w-Abb., Pappband. ●●●●

Das neue Hundebuch
Rassen · Aufzucht · Pflege
(**0009**-X) Von W. Busack, überarbeitet von Dr. med. vet. A. H. Hacker und H. Bielfeld, 112 S., 8 Farbtafeln, 27 s/w-Fotos, 6 Zeichnungen, kartoniert. ●

Alles über Dackel, Teckel und Dachshunde
(**1079**-6) Von M. Wein-Gysae, 80 S., 46 Farbfotos, 2 zweifarbige Zeichnungen, kart. ●●

Hundeausbildung
Verhalten · Gehorsam · Ausbildung
(**0346**-3) Von R. Menzel, 88 S., 26 Fotos, kartoniert. ●

Grundausbildung für Gebrauchshunde
Schäferhund, Boxer, Rottweiler, Dobermann, Riesenschnauzer, Airedaleterrier, Hovawart und Bouvier.
(**0801**-5) Von M. Schmidt und W. Koch. 104 S., 8 Farbtafeln, 51 s/w-Fotos, 5 s/w-Zeichnungen, kartoniert. ●

Der Hund in der Familie
(**1014**-1) Von J. Werner, 128 S., 106 Farbfotos, kartoniert. ●●

Der Deutsche Schäferhund
(**1091**-5) Von U. Förster, 112 S., 47 Farbzeichnungen, 2 s/w-Fotos, kartoniert. ●●

Der Deutsche Schäferhund
Aufzucht, Pflege und Ausbildung
(**0073**-1) Von A. Hacker, 104 S., 56 Abbildungen, kartoniert. ●

Alles über junge Hunde
(**0863**-5) Von Dr. med. vet. E. M. Bartenschlager, 64 S., 49 Farbfotos, 6 Zeichnungen, kartoniert. ●

Richtige Hundeernährung
(**0811**-2) Von Dr. med. vet. E. M. Bartenschlager, 80 S., 51 Farbfotos, 4 Farbzeichn., kartoniert. ●

Hundekrankheiten
(**1077**-X) Von Dr. med. vet. R. Spangenberg, 96 S., 44 Farb- und 1 s/w-Foto, 22 Farbzeichnungen, kartoniert. ●●

Von Ajax bis Zamperl
Die beliebtesten Hunde-Namen
(**1174**-1) Von H.-J. Schließke, ca. 80 S., kartoniert. ●

Katzen
Rassen · Verhalten · Pflege · Zucht
(**4158**-6) Von B. Gerber, 176 S., 294 Farb- und 88 s/w-Fotos, Pappband. ●●●●

Das neue Katzenbuch
Rassen · Aufzucht · Pflege.
(**0427**-3) Von B. Eilert-Overbeck, 120 S., 14 Farbfotos, 26 s/w-Fotos, kartoniert. ●

Katzenkrankheiten
erkennen und behandeln
(**1078**-8) Von Dr. med. vet. R. Spangenberg, 104 S., 40 Farbfotos und 11 Farbzeichnungen, kartoniert. ●●

Junge Katzen
(**0862**-7) Von Dr. med. vet. E. M. Bartenschlager, 72 S., 40 Farbfotos, 4 Farbzeichnungen, kartoniert. ●

Pferde
(**4186**-1) Von H. Werner, 176 S., 196 Farb- und 50 s/w-Fotos, 100 Zeichnungen, Pappband. ●●●●

Reiten im Bild
(**0415**-X) Von H. Werner, 128 S., 142 Farbfotos, 107 Farbzeichnungen, kartoniert. ●●

Der Hobby-Imker
(**0978**-X) Von Dr. R. F. A. Moritz, 144 S., 106 zweifarbige Zeichnungen, kartoniert. ●●

Geflügelhaltung als Hobby
(**0749**-3) Von M. Baumeister, H. Meyer, 184 S., 8 Farbtafeln, 47 s/w-Fotos, 15 zweifarbige Zeichnungen, kartoniert. ●●

Sittiche und kleine Papageien
(**0864**-3) Von Dr. med. vet. E. M. Bartenschlager, 88 S., 84 Farbfotos, 9 Zeichnungen, kartoniert. ●

Alles über Wellensittiche
(**1129**-6) Von H. Bielfeld, 64 S., 53 Farbfotos, 3 Zeichnungen, kartoniert. ●●

Alles über Kanarienvögel
(**0901**-1) Von H. Schnoor, 64 S., 58 Farbfotos und Zeichnungen, kartoniert. ●

Die Tiersprechstunde
Artgerechte Vogelfütterung im Winter
(**0908**-9) Von Dr. W. Keil, 64 S., 51 Farbfotos und Zeichnungen, kartoniert. ●

Süßwasser-Aquarium
(**4191**-8) Von H. J. Mayland, 288 S., 564 Farbfotos, 75 Zeichnungen, Pappband. ●●●●●

Die Tiersprechstunde
Gesunde Fische im Süßwasseraquarium
(**1013**-3) Von H. J. Mayland, 96 S., 73 Farbfotos, 10 Zeichnungen, kartoniert. ●

Tiere im Wassergarten
(**0808**-2) Von Dr. med. vet. E. M. Bartenschlager, 96 S., 84 Farbfotos, 7 Zeichnungen, kartoniert. ●●

Die Tiersprechstunde
Alles über Zwerg- und Goldhamster
(**1012**-5) Von M. Mettler, 96 S., 96 Farbfotos, kartoniert. ●

Alles über Chinchillas und Degus
(**1130**-X) Von M. Mettler, 96 S., 80 Farbfotos, 3 Zeichnungen, kartoniert. ●●

Alles über Meerschweinchen
(**0809**-0) Von Dr. med. vet. E. M. Bartenschlager, 72 S., 43 Farbfotos, 11 Farbzeichnungen, kartoniert. ●

Alles über Igel in Natur und Haus
(**0810**-4) Von Dr. med. vet. E. M. Bartenschlager, 68 S., 51 Farbfotos, kartoniert. ●

Alles über Zwergkaninchen
(**1075**-3) Von M. Mettler, 64 S., 52 Farbfotos, kartoniert. ●

Reise

Vom Morgenland ins Reich der Sonnengöttin
Lebensbilder aus dem Nahen und Fernen Osten. (**4449**-6) Von J. Schneider, H. Schoen, 160 S., 266 Farbfotos, 1 farbige Karte, Pappband. ●●●●

Traumreisen
Unterwegs auf den schönsten Straßen der Welt. (**4468**-2) Von T. Pehle, 192 S., 288 Farbfotos, 12 Zeichnungen, Pappband. ●●●●

Streifzüge durch die deutsche Kulturgeschichte
(**4490**-9) Von L. von Saalfeld, Dr. D. Kreidt, U. Stöckel, A. Hürmer, 208 S., über 100 Farbfotos, 52 Lagepläne, Pappband. ●●●

Der Metternich 90/91
Die besten Adressen für Feinschmecker in Deutschland. (**4488**-7) Hrsg. von P. A. Fürst von Metternich-Winneburg, bearbeitet von C. Arius, 464 S., 366 Farbfotos, 5 Übersichtskarten, Pappband. ●●●●

Berlin
Die neue Metropole
(**1145**-8) Von R. Mader, 96 S., 116 Farbfotos, 15 hist. Landschafts- und Städteabbildungen, 1 Stadtplan, kartoniert. ●●

An der Ostseeküste in Mecklenburg
(**1137**-7) Von R. Mader, 96 S., 94 Farbfotos, 18 hist. Städte- und Landschaftsabbildungen, kartoniert. ●●

Der Thüringer Wald und die Dichterstädte
(**1135**-0) Von R. Mader, 96 S., 95 Farbfotos, 17 hist. Landschafts- und Städteabbildungen, kartoniert. ●●

Der Harz
(**1144**-X) Von R. Mader, 96 S., 100 Farbfotos, 17 hist. Städte- und Landschaftsabbildungen, kartoniert. ●●

Dresden
Barockperle an der Elbe
(**1134**-2) Von R. Mader, 96 S., 97 Farbfotos, 13 hist. Landschafts- und Städteabbildungen, 1 s/w-Foto, 1 aufklappbarer Stadtplan, kart. ●●

Vom Spreewald zur Lausitz
(**1136**-9) Von R. Mader, 96 S., 95 Farbfotos, 11 hist. Landschafts- und Städteabbildungen, 1 Panoramakarte, kartoniert. ●●

FALKEN Video
Reiseziel DDR
(**6061**-0) VHS, ca. 60 Minuten, in Farbe, Kompaktreiseführer mit Panoramakarte im Taschenformat. ●●●●*

FALKEN Video
Reiseziel Berlin
(**6067**-X) VHS, ca. 60 Minuten, in Farbe, Kompaktreiseführer mit Panoramakarte im Taschenformat. ●●●●●*

FALKEN Video
Reiseziel Ostseeküste DDR
(**6062**-9) VHS, ca. 60 Minuten, in Farbe, Kompaktreiseführer mit Panoramakarte im Taschenformat. ●●●●●*

FALKEN Video
Reiseziel USA
Der Südwesten mit LAS VEGAS und den schönsten Sehenswürdigkeiten in den ROCKY MOUNTAINS.
(**6055**-6) VHS, ca. 60 Minuten, in Farbe, Kompaktreiseführer mit Panoramakarte im Taschenformat. ●●●●●*

FALKEN Video
Info-Tour USA
Die Highlights aus dem FALKEN Reiseprogramm New York, Kalifornien, Florida und USA Süd-West.
(**6060**-2) VHS, ca. 30 Minuten, in Farbe. ●*

FALKEN Video
Reiseziel New York
(**6048**-3) VHS, ca. 60 Minuten, in Farbe, mit Begleitbroschüre. ●●●●●*

FALKEN Video
Reiseziel Florida
(**6054**-8) VHS, ca. 60 Minuten, in Farbe, Kompaktreiseführer mit Panoramakarte im Taschenformat. ●●●●●*

FALKEN Video
Reiseziel Kalifornien
San Francisco und die schönsten Ziele in Kalifornien.
(**6049**-1) VHS, ca. 60 Minuten, in Farbe, mit Begleitbroschüre. ●●●●●*

FALKEN Video
Reiseziel Hawaii
(**6063**-7) VHS, ca. 60 Minuten, in Farbe, Kompaktreiseführer mit Panoramakarte im Taschenformat. ●●●●●*

FALKEN Video
Reiseziel Thailand
Exotisches Bangkok, traumhafte Strände, berühmte Tempel und Paläste.
(**6065**-3) VHS, ca. 60 Minuten, in Farbe, Kompaktreiseführer mit Panoramakarte im Taschenformat. ●●●●●*

FALKEN Video
Reiseziel Kanarische Inseln
Schöne Strände, interessante Exkursionen.
(**6065**-5) VHS, ca. 60 Minuten, in Farbe, Kompaktreiseführer mit Panoramakarte im Taschenformat. ●●●●●*

FALKEN Video
Reiseziel Irland
Entdeckungsreise mit Boot und Planwagen, präzise Informationen, praktische Tips.
(**6059**-9) VHS, ca. 60 Minuten, in Farbe, Kompaktreiseführer mit Panoramakarte im Taschenformat. ●●●●●*

FALKEN Video
Reiseziel Norwegen
Rundreise zu den schönsten Fjorden, präzise Informationen, praktische Tips.
(**6058**-0) VHS, ca. 60 Minuten, in Farbe, Kompaktreiseführer mit Panoramakarte im Taschenformat. ●●●●●*

Rat und Wissen

Der gute Ton
in Gesellschaft und Beruf.
(**0063**-4) Von I. Wolter, 80 S., 42 s/w-Fotos, 7 Zeichnungen, kartoniert. ●

Der gute Ton
im Privatleben.
(**1111**-3) Von I. Wolter, bearbeitet von Wolf Stenzel, 104 S., 42 s/w-Abbildungen, kartoniert. ●

Umgangsformen heute
Die Empfehlungen des Fachausschusses für Umgangsformen.
(**4015**-6) 252 S., 108 s/w-Fotos, 17 Zeichnungen, Pappband. ●●●

Benehmen bei Tisch
(**0988**-7) Von I. Cording, 80 S., 90 Farbfotos, 5 s/w-Zeichnungen, kartoniert. ●●

Krawatten
Fliegen, Schals und Tücher gekonnt binden
(**1072**-9) Von Y. Thalheim, H. Nadolny, 48 S., 129 Farbfotos, 1 s/w-Foto, Pappband. ●

Wir heiraten
Ratgeber zur Vorbereitung und Festgestaltung der Verlobung und Hochzeit.
(**4188**-8) Von C. Poensgen, 216 S., 8 s/w-Fotos, 30 s/w-Zeichnungen, 8 Farbtafeln, Pappband. ●●●

Von der Verlobung zur Goldenen Hochzeit
(**0393**-5) Von E. Runge, 112 S., kartoniert. ●

Hochzeits- und Bierzeitungen
Muster, Tips und Anregungen.
(**0288**-2) Von H.-J. Winkler, mit vielen Text- und Gestaltungsanregungen, 116 S., 15 Abb., 1 Musterzeitung, kartoniert. ●

Die Silberhochzeit
Vorbereitung · Einladung · Geschenkvorschläge · Dekoration · Festablauf · Menüs · Reden · Glückwünsche. (**0542**-3) Von K. F. Merkle, 112 S., 41 Zeichnungen, kart. ●

Wie soll es heißen?
(**0211**-4) Von D. Köhr, 136 S., kartoniert. ●

Unsere beliebtesten Vornamen
(**1023**-0) Von A. F. W. Weigel, 160 S., 75 s/w-Fotos, Pappband. ●●

Kindergedichte, Lieder und Sketche für Hochzeitsfeiern
(**1112**-1) Von B. Lins, 72 S., 26 farbige Abbildungen, 15 Lieder, kartoniert. ●

Kindergedichte zur grünen, silbernen und goldenen Hochzeit
(**0318**-8) Von H.-J. Winkler, 104 S., 20 Abb., kartoniert. ●

Kindergedichte für Familienfeste
(**0860**-0) Von B. H. Bull, 96 S., 20 Zeichnungen, kartoniert. ●

Kindergedichte rund ums Jahr
(**1040**-0) Von A. Schweiggert, 80 S., 49 Zeichnungen, 6 Vignetten, kartoniert. ●

Ins Gästebuch geschrieben
(**0576**-8) Von K. H. Trabeck, 96 S., 24 Zeichnungen, kartoniert. ●

Der Verseschmied
Kleiner Leitfaden für Hobbydichter. Mit Reimlexikon.
(**0597**-0) Von T. Parisius, 96 S., 28 Zeichnungen, kartoniert. ●

Die schönsten Volkslieder
(**0432**-X) Hrsg. D. Walther, 128 S., mit Noten und Zeichnungen, kartoniert. ●

Wo man singt
Lieder aus Deutschland
(**4507**-7) Hrsg. von R. Werion, Prof. H. Rauhe, H. R. Beierlein, 288 S., 217 Farbzeichnungen, Pappband. ●●●

Neue Glückwunschfibel
für groß und klein. (**0156**-8) Von R. Christian-Hildebrandt, 96 S., 13 Vignetten, kartoniert. ●

Großes Buch der Glückwünsche
(**0255**-6) Hrsg. von O. Fuhrmann, 176 S., 77 Zeichnungen und viele Gestaltungsvorschläge, kartoniert. ●●

Verse fürs Poesiealbum
(**0241**-6) Von I. Wolter, 96 S., 20 Abb., kartoniert. ●

Heiter und besinnliche
Verse fürs Poesiealbum
(**1069**-9) Von B. H. Bull, 160 S., 70 zweifarbige Illustrationen, Pappband. ●●

Reden und Ansprachen
für jeden Anlaß. (**4009**-1) Hrsg. von F. Sicker, 454 S., gebunden. ●●●●

Die Kunst der freien Rede
Ein Intensivkurs mit vielen Übungen, Beispielen und Lösungen.
(**4189**-6) Von G. Hirsch, 232 S., 11 Zeichnungen, Pappband. ●●●

Festreden und Vereinsreden
Muster für alle Gelegenheiten
(**0069**-3) Von K. Lehnhoff, E. Ruge, 96 S., kartoniert. ●

Trinksprüche, Gästebuchverse, Richtsprüche
(**0224**-6) Von D. Kellermann, 96 S., kartoniert. ●

Glückwünsche, Toasts und Festreden zur Hochzeit
(**0264**-5) Von I. Wolter, 112 S., 18 Zeichnungen, kartoniert. ●

Reden zur Taufe, Kommunion und Konfirmation
(**0751**-5) Von G. Georg, 96 S., kartoniert. ●

Reden zu Familienfesten
Musteransprachen für viele Gelegenheiten
(**0675**-6) Von G. Georg, 112 S., kartoniert. ●

Reden im Verein
Musteransprachen für viele Gelegenheiten
(**0703**-5) Von G. Georg, 112 S., kartoniert. ●

Reden zum Jubiläum
Musteransprachen für viele Gelegenheiten
(**0595**-4) Von G. Georg, 112 S., kartoniert. ●

Reden und Sprüche zu Grundsteinlegung, Richtfest und Einzug
(**0598**-0) Von A. Bruder, G. Georg, 96 S., kartoniert. ●

Die überzeugende Rede
Mehr Erfolg durch bessere Rhetorik
(**0076**-6) Von K. Wolter, G. Kunz, 96 S., kartoniert. ●

Moderne Korrespondenz
Handbuch für erfolgreiche Briefe
(**4014**-8) Von H. Kirst und W. Manekeller, 544 S., Pappband. ●●●●

Musterbriefe
für alle Gelegenheiten.
(**0231**-9) Hrsg. von O. Fuhrmann, 240 S., kartoniert. ●●

FALKEN-Software
Musterkorrespondenz in Deutsch, Englisch, Französisch, Italienisch, Spanisch
(**7041**-1) Diskette 5 1/4" für IBM-PC + Kompatible, mit Begleitbroschüre. ●●●●●*
(**7051**-9) Diskette 3 1/2" für IBM-PC + Kompatible, mit Begleitbroschüre. ●●●●●*

FALKEN-Software
TEXAD
Das komfortable Korrespondenzprogramm für den privaten und geschäftlichen Bereich (**7017**-9) 2 Disketten für IBM-PC + Kompatible, 5 1/4", mit Begleitheft, **DM 198,–***, S 1980,-*, SFr 198,–*.
(**7048**-9) Diskette 3 1/2", mit Handbuch. ●●●●●*

(**7049**-7) Demo-Version 5 1/4", o. Handbuch. ●●*

(**7050**-0) Demo-Version 3 1/2", o. Handbuch. ●●*

Privatbriefe
Muster für alle Gelegenheiten. (**0114**-2) Von I. Wolter-Rosendorf, 112 S., kart.●

Erfolgstips für den Schriftverkehr
Briefgestaltung · Rechtschreibung · Zeichensetzung · Stil. (**0678**-0) Von U. Schoenwald, 112 S., kart.●

Geschäftliche Briefe
des Privatmanns, Handwerkers, Kaufmanns (**0041**-3) Von A. Römer, 124 S., kart. ●

Behördenkorrespondenz
Musterbriefe · Anträge · Einsprüche (**0412**-5) Von E.Ruge, 112 S., kart.●

Worte und Briefe der Anteilnahme
(**0464**-8) Von E. Ruge, 96 S., mit vielen Abb., kart. ●

Briefe zu Geburt und Taufe
Glückwünsche und Danksagungen. (**0802**-3) Von H. Beitz, 96 S., 12 Zeichnungen, kart. ●

Briefe zum Geburtstag
Glückwünsche und Danksagungen. (**0822**-8) Von H. Beitz, 104 S., 22 Zeichnungen, kart. ●

Briefe der Liebe
Anregungen für gefühlvolle und zärtliche Worte. (**0903**-8) Hrsg. von H. Beitz, 96 S., 4 Zeichnungen, kart. ●

Erziehungsgeld, Mutterschutz, Erziehungsurlaub
Das neue Recht für Eltern (**0835**-X) Von J. Grönert, 144 S., kart. ●

Liebe ja – Ehe nein
Die nichteheliche Lebensgemeinschaft (**1071**-0) Von T. Drewes, 104 S., 8 s/w-Zeichnungen, kartoniert. ●

Scheidung und Unterhalt
nach dem neuen Eherecht.
(**0403**-6) Von T.Drewes, 112 S., mit Kosten und Unterhaltstabellen, kart. ●

Testament und Erbschaft
Erbfolge, Rechte und Pflichten der Erben, Erbschafts- und Schenkungssteuer, Mustertestamente. (**4139**-X) Von T. Drewes, R. Hollender, 304 S., Pappband. ●●●

Der letzte Wille
Ratgeber für Erblasser, Erben und Hinterbliebene in Rechts-, Versorgungs- und Steuerfragen (**0939**-9) Von T. Drewes, 136 S., 9 s/w-Zeichnungen, kart. ●●

Mietrecht
Leitfaden für Mieter und Vermieter (**0479**-6) Von J. Beuthner, 196 S., kart. ●●

Präzise Ratschläge für **Ihre optimale Rente**
Vorbereitung · Berechnungsgrundlagen · Gesetzesänderungen · Individuelle Rechenbeispiele. (**0806**-6) Von K. Möcks, 96 S., 24 Formulare, 1 Graphik, kart. ●

Haushaltstips praktisch und umweltfreundlich
(**1046**-X) Von K. Winkell, 96 S., 36 Zeichnungen, kartoniert. ●

Haushaltstips von A – Z
(**0759**-0) Von A. Eder, 80 S., 30 Zeichnungen, kartoniert. ●

Der Umweltfahrplan
Ein praktischer Ratgeber für Haushalt und Familie
(**1103**-2) Von K. Riedesser, hrsg. von der Aktionsgemeinschaft Umwelt, Gesundheit, Ernährung e. V., Hamburg, 144 S., 34 s/w-Zeichnungen, kart. ●

Wege zum Börsenerfolg
Aktien · Anleihen · Optionen
(**4275**-2) Von H. Krause, 252 S., 4 s/w-Fotos, 86 Zeichnungen, Pappband. ●●●●

FALKEN-Software
Börsenfieber
Spielend spekulieren mit Geld und Aktien (**7016**-0) IBM-PC und Kompatible, Diskette 5 1/4", mit Begleitheft, ●●●●●*

(**7026**-8) für C 64/C 128 PC, mit Begleitheft
(**7027**-6) für Atarai ST 520/1040, mit Begleitheft
(**7028**-4) für Amiga, mit Begleitheft
(**7044**-6) für IBM PC + Kompatible, Diskette 3 1/2" , mit Begleitheft.

FALKEN-Software
Börsenfieber
Über 100 neue Ereignisse
(**7066**-7) Diskette 5 1/4" für IBM-PC + Kompatible, mit Begleitbroschüre. ●●●*
(**7067**-5) Diskette 3 1/2" für IBM-PC + Kompatible, mit Begleitheft. ●●●*

FALKEN-Software
Broker King
Cash und crash an der Terminbörse. Mit Warentermingeschäft und Optionshandel (**7057**-8) Diskette 5 1/4" für IBM-PC + Kompatible, mit Begleitbroschüre. ●●●●● *

(**7058**-6) Diskette 3 1/2" für IBM-PC + Kompatible, mit Begleitbroschüre. ●●●●●*

Richtige Groß- und Kleinschreibung
durch neue, vereinfachte Regeln. Erläuterungen der Zweifelsfragen anhand vieler Beispiele.
(**0897**-X) Von Prof. Dr. Ch. Stetter, 96 S., kart. ●

Gutes Deutsch schreiben und sprechen
(**4432**-1) Von W. Manekeller, Dr. G. Reinert-Schneider, 416 S., durchgehend zweifarbig, Pappband. ●●●●

Mehr Erfolg in der Schule
Deutsche Rechtschreibung und Grammatik
Übungen und Beispiele für die Klassen 5-10. (**4407**-0) Von K. Schreiner, 256 S., durchgehend zweifarbig, Pappband. ●●●●

Richtiges Deutsch Rechtschreibung · Zeichensetzung · Grammatik · Stilkunde. (**0551**- 2) Von K. Schreiner, 128 S., 7 Zeichnungen, kart. ●

Besseres Deutsch
Mit Übungen und Beispielen für Rechtschreibung, Diktate, Zeichensetzung, Aufsätze, Grammatik, Literaturbetrachtung, Stil, Briefe, Fremdwörter, Reden.
(**4115**-2) Von K. Schreiner, 444 S., 7 s/w-Fotos, 27 Zeichnungen, Pappband. ●●●

Richtige Zeichensetzung
durch neue, vereinfachte Regeln. Erläuterungen der Zweifelsfragen anhand vieler Beispiele.
(**0744**-4) Von Prof. Dr. Ch. Stetter, 160 S., kart. ●

Diktate besser schreiben
Übungen zur Rechtschreibung für die Klassen 4 bis 8
(**0469**-9) Von K. Schreiner, 152 S., 31 Zeichnungen, kartoniert.●●

Deutsche Grammatik
Ein Lern- und Übungsbuch
(**0704**-3) Von K. Schreiner, 122 S., kart. ●

Aufsätze besser schreiben
Förderkurs für die Klassen 4 – 10
(**0429**-X) Von K. Schreiner, 144 S., 31 Abb., kartoniert. ●●

Mehr Erfolg in der Schule
Der Deutschaufsatz
Übungen und Beipiele für die Klassen 5-10. (**4271**-X) Von K. Schreiner, 240 S., 4 s/w-Fotos, 51 Zeichnungen, Pappband. ●●●

Mehr Erfolg in der Schule
Deutsch
Textinterpretation, Literaturgeschichte und Stilkunde
(**4483**-6) Von K. Schreiner, 272 S., 43 zweifarbige Zeichnungen, Pappband. ●●●●

Mehr Erfolg in der Schule **Mathematik 1**
Arithmetik und Algebra. Übungen, Beispiele und Lösungen für die Klassen 5 bis 10. (**4420**-8) Von R. Müller-Fonfara, 256 S., 193 Zeichn., 2 s/w-Fotos, Pappband. ●●●

Mehr Erfolg in der Schule
Mathematik 2
Geometrie, Statistik, Wahrscheinlichkeitsrechnung und kaufmännisches Rechnen (**4456**-9) Von R. Müller-Fonfara, W. Scholl, 256 S., 6 s/w-Fotos, 304 Zeichnungen, Pappband. ●●●

Mathematische Formeln für Schule und Beruf
Mit Beispielen und Erklärungen.
(**0499**-0) Von R. Müller-Fonfara, 156 S., 210 Zeichnungen, kart. ●

Schülerlexikon der Mathematik
Formeln, Übungen und Begriffserklärungen für die Klassen 5 – 10
(**0430**-3) Von R. Müller-Fonfara, 176 S., 96 Zeichnungen, kart. ●

Mathematik-Textaufgaben leicht gelöst
Aufgaben · Lösungsstrategien · Anwendungsbeispiele
(**1022**-2) Von R. Müller-Fonfara, 128 S., 4 Zeichnungen, kartoniert. ●●

Rechnen aufgefrischt für Schule und Beruf. (**0100**-2) Von H. Rausch, 144 S., kart. ●

FALKEN-Software
Wirtschaftsrechnen in Beruf und Alltag
(**7037**-3) Diskette für IBM-PC und Kompatible, mit Begleitheft. ●●●●●*

Mehr Erfolg in der Schule
Physik
Mechanik · Wärmelehre · Optik · Elektrizität · Atomphysik
(**4448**-8) Von Dr. T. Neubert, 240 S., 219 Zeichnungen, Pappband. ●●●●

Physik verständlich
Förderkurs für die Klassen 7 bis 10
(**0926**-7) Von Dr. Th. Neubert, 136 S., 146 s/w-Zeichnungen, 166 Aufgaben, kart. ●●

Besseres Englisch
Grammatik und Übungen für die Klassen 5 bis 10.
(**0745**-0) Von E. Henrichs, 144 S., kart. ●●

Mehr Erfolg in der Schule
Englische Grammatik
Regeln und Übungen für die Klassen 5 bis 13 (**4431**-3) Von E. Henrichs-Kleinen, 256 S., durchgehend zweifarbig, Pappband. ●●●

FALKEN-Software
Business English for Secretaries
Lernen und üben in berufsbezogenen Situationen (**7035**-7) Diskette 5 1/4" für IBM-PC + Kompatible, mit Begleitbroschüre. ●●●●●*

(**7059**-4) Diskette 3 1/2" für IBM-PC + Kompatible, mit Begleitbroschüre. ●●●●●*

FALKEN-Software
The Grammar-Master
Englische Grammatik üben und beherrschen (**7002**-0) Diskette für den C 64/C 128 PC ●●●●*

(**7030**-6) Diskette für IBM-PC + Kompatible, mit Begleitheft. ●●●●● *

(**7031**-4) Diskette für Atari ST 520/1040, mit Begleitheft. ●●●●● *

(**7032**-2) Diskette für Amiga, mit Begleitheft. ●●●●●*

FALKEN-Software
Vokabeltrainer Englisch
Von B. Hoppius. (**7001**-2) 2 Disketten für C 64/C 128 PC mit Begleitheft. ●●●●●*

(**7007**-1) Wendediskette für Atari ST 520/1040, mit Begleitheft. ●●●●●*

(**7034**-9) Diskette 5 1/4" für IBM-PC + Kompatible, mit Begleitheft. ●●●●●*

(**7084**-5) Diskette 3 1/2" für IBM-PC + Kompatible, mit Begleitheft. ●●●●●*

FALKEN-Software
Vokabeltrainer Französisch
Über 2000 Vokabeln und Redewendungen frei erweiterbar
(**7018**-7) Systemdiskette u. Wendediskette für C 64/C 128 PC, mit Begleitheft, (**7019**-5) Diskette 5 1/4" für IBM-PC und Komp., mit Begleitheft. ●●●●●*

FALKEN-Software
Je finis, tu finis ... maitrisez la grammaire française
Französische Grammatik lernen und beherrschen
(**7053**-5) Diskette 5 1/4" für IBM-PC + Kompatible, mit Begleitbroschüre. ●●●●●*

(**7069**-1) Diskette 3 1/2" für IBM-PC + Kompatible, mit Begleitbroschüre. ●●●●●*

FALKEN-Software
Le monde des affaires en français
Wirtschaftsfranzösisch leicht gelernt
(**7064**-3) Diskette 5 1/4" für IBM-PC + Kompatible, mit Begleitbroschüre. ●●●●●*

(**7068**-3) Diskette 3 1/2" für IBM-PC + Kompatible, mit Begleitbroschüre. ●●●●●*

Besseres Französisch
Grammatik und Übungen für die Klassen 9 bis 11
(**1039**-7) Von R. Lübke, 114 S., durchgehend zweifarbig, kartoniert. ●●

FALKEN-Software
Vokabeltrainer Italienisch
Über 2000 Vokabeln und Redewendungen frei erweiterbar.
(**7065**-9) Diskette 5 1/4" für IBM-PC + Kompatible, mit Begleitbroschüre. ●●●●●*

(**7064**-0) Diskette 3 1/2" für IBM-PC + Kompatible, mit Begleitbroschüre. ●●●●●*

FALKEN-Software
Vokabel Trainer Latein
Über 2000 Vokabeln und Redewendungen frei erweiterbar
(**7022**-5) Von B. Hoppius, Wendediskette für C 64/C 128 PC, mit Begleitheft. ●●●●●*

(**7033**-0) Diskette 5 1/4" für IBM-PC + Kompatible, mit Begleitheft. ●●●●●*

(**7085**-3) Diskette 3 1/2" für IBM-PC + Kompatible, mit Begleitheft. ●●●●●*

Schnell und sicher zum Führerschein
Tips und Tricks aus 30jähriger-Fahrschul-Praxis.
(**0921**-6) Von O. Einert, 152 S., 156 Farbfotos, 161 z. T. farb. Zeichnungen, kart. ●●

FALKEN-Software
Schnell und sicher zum Führerschein
Intensivtraining mit dem amtlichen Fragenkatalog
(**7024**-1) Diskette für Atari ST 520/1040, mit Begleitheft. ●●●●●*
(**7029**-2) Diskette für Amiga, mit Begleitheft. ●●●●●*

Erfolgreiche Bewerbung um einen Ausbildungsplatz
(**0715**-9) Von H. Friedrich, 128 S., kart. ●

Bewerbungsstrategien
Erfolgreiche Konzepte für Karrierebewußte
(**1027**-3) Von Dr. W. Reichel, 128 S., kartoniert. ●●

Karriereplanung mit System
Bewerbungsstrategien für erfolgsorientierte Frauen
(**4455**-0) Von R. Ibelgaufts, 144 S., 20 Cartoons, Pappband. ●●

Die Bewerbung
Der moderne Ratgeber für Bewerbungsbriefe, Lebenslauf und Vorstellungsgespräche.
(**4138**-1) Von W. Manekeller, 264 S., Pappband. ●●●

Die erfolgreiche Bewerbung
Bewerbung und Vorstellung
(**0173**-8) Von W. Manekeller, U. Schoenwald, 144 S., kartoniert. ●●

Lebenslauf und Bewerbung
Beispiele für Inhalt, Form und Aufbau
(**0428**-1) Von H. Friedrich, 112 S., kart. ●

Erfolgreiche Bewerbungsbriefe und Bewerbungsformen
(**0138**-X) Von W. Manekeller, U. Schoenwald, 88 S., kart. ●

Vorstellungsgespräche
sicher und erfolgreich führen.
(**0636**-5) Von H. Friedrich, 144 S., kart. ●

Keine Angst vor Einstellungstests
Ein Ratgeber für Bewerber.
(**0793**-6) Von Ch. Titze. 120 S., 67 Zeichnungen, kart. ●

FALKEN-Software
Einstellungstests
(**7013**-6) Von B. Hoppius, Wendediskette für C 64/C 128 PC, mit Begleitheft. ●●●●*

Die ersten Tage am neuen Arbeitsplatz
Ratschläge für den richtigen Umgang mit Kollegen und Vorgesetzten
(**0855**-4) Von H. Friedrich, 104 S., kart. ●

Zeugnisse im Beruf
richtig schreiben, richtig verstehen
(**0544**-X) Von H. Friedrich, 112 S., kart. ●

So lernt man leicht und schnell
Maschinenschreiben
Lehrbuch für Schulen, Lehrgänge und Selbstunterricht. (**0568**-7) Von M. Kempkes, 112 S., 48 Zeichnungen, kart. ●●

FALKEN-Software
Maschinenschreiben und Tastaturtraining für Computer
(**7009**-8) Von B. Hoppius, Diskette 5 1/4" u. 3 1/2" für IBM-PC + Kompatible, mit Begleitheft. ●●●●●*

Maschinenschreiben im Selbstunterricht
(**0170**-3) Von A. Fonfara, 88 S., kart. ●

Buchführung leicht gemacht
Ein methodischer Grundkurs für den Selbstunterricht. (**4238**-8) Von D. Machenheimer, R. Kersten, 252 S., Pappband. ●●●●

Buchführung leicht gefaßt
Für Handwerker, Gewerbetreibende und freiberuflich Tätige. (**0127**-4) Von R. Pohl, 104 S., kart. ●

Stenografie leicht gelernt
im Kursus oder Selbstunterricht
(**0266**-1) Von H. Kaus, 64 S., kart. ●

Gitarre spielen
Ein Grundkurs für den Selbstunterricht
(**0534**-2) Von A. Roßmann, 96 S., 1 Schallfolie, 150 Zeichnungen, kart. ●●●

Das große Buch der
Antworten auf Kinderfragen
(**4477**-1) Von H. Hofmann, U. Kopp, G. Jankovics u. a., 192 S., 308 Farbzeichnungen, Pappband. ●●●

Das neue, farbige
Jugendlexikon
(**4472**-0) Von J. Frey, D. Rex, 304 Seiten, 269 Farb- u. 52 s/w-Fotos, 6 Farbzeichn., Pappband. ●●●

Das große farbige Kinderlexikon
(**4195**-0) Von U. Kopp, 320 S., 493 Farbabb. 17 s/w-Fotos, Pappband. ●●●

Die Faszination der Philatelie
Briefmarken sammeln
(**4273**-6) Von D. Stein, 212 S., 124 s/w-Fotos, 24 Farbtafeln, Pappband. ●●●

Briefmarken sammeln
(**0481**-8) Von D. Stein, 120 S., 4 Farbtafeln, 98 s/w-Abbildungen, kartoniert. ●

Pfeiferauchen leicht gemacht
Die richtige Art, Tabak zu genießen
(**1026**-5) Von O. Pollner, 112 S., 125 Farbfotos, 5 zweifarbige-Abb., kart. ●●

Umweltschutz
Das Öko-Testbuch zur Eigeninitiative
(**4160**-8) Von M. Häfner, 352 S., 411 Farbfotos, 152 Farbzeichnungen, Pappband. ●●●●

Münzen
Ein Brevier für Sammler.
(**0353**-6) Von E. Dehnke, 128 S., 4 Farbtafeln, 17 s/w-Abb., kart. ●●

Astronomie im Bild
Unser Sternenhimmel rund ums Jahr
(**0849**-X) Von Dr. E. Übelacker, 88 S., 48 Farbfotos, 1 s/w-Foto, 68 Farbzeichn, kart. ●●

Astronomie als Hobby
Sternbilder und Planeten erkennen und benennen.
(**0572**-5) Von D. Block, 176 S., 16 Farbtafeln, 49 s/w-Fotos, 93 Zeichnungen, kart. ●●

Die Handschrift als Spiegel des Charakters
Graphologie
(**1025**-7) Von Dr. W. Busch, 104 S., 87 Schriftproben, kartoniert. ●

Familienforschung · Ahnentafel · Wappenkunde
Wege zur eigenen Familienchronik
(**0744**-2) Von P. Bahn, 128 S., 8 Farbtafeln. 30 Abbildungen, kart. ●●

Familienforschung und Wappenkunde
(**4485**-2) Von P. Bahn, 224 S., 114 zweifarbige Abbildungen, Pappband. ●●●●

Wie Sie im Schlaf das Leben meistern
Schöpferisch träumen
Der Klartraum als Lebenshilfe
(**4258**-2) Von Prof. D. P. Tholey, K. Utecht. 280 S., 1 s/w-Foto, 20 Zeichn., Pappband. ●●●

Traumdeutung
Die Bildersprache unserer Traumwelt entschlüsseln
(**4486**-0) Von G. Fink, 384 S., 74 zweifarbige Fotos, Pappband. ●●●●

Wahrsagen mit Tarot-Karten
(**0482**-6) Von E. J. Nigg, 112 S., 52 s/w-Abb., Pappband. ●

Die 12 Tierzeichen
Chinesisches Horoskop
(**0423**-0) Von G. Haddenbach, 88 S., kartoniert. ●

Die 12 Sternzeichen
Charakter, Liebe und Schicksal.
(**0385**-4) Von G. Haddenbach, 136 S., kart. ●●

Partnerschaftshoroskop
Glück und Harmonie mit Ihrem Traumpartner.
(**0587**-3) Von G. Haddenbach, 112 S., 11 Zeichnungen, kart. ●

Im Zeichen der Sterne
(0951-8) Der feurige Widder
(0952-6) Der willensstarke Stier
(0953-4) Die vielseitigen Zwillinge
(0954-2) Der feinfühlige Krebs
(0955-0) Der königliche Löwe
(0956-9) Die zuverlässige Jungfrau
(0957-7) Die charmante Waage
(0958-5) Der leidenschaftliche Skorpion
(0959-3) Der temperamentvolle Schütze
(0960-7) Der treue Steinbock
(0961-5) Der selbstbewußte Wassermann
(0962-3) Die romantischen Fische
Von G. Haddenbach, 64 S., 35 Farbfotos, Pappband. ●

Humor und Unterhaltung

Heitere Vorträge
(**0528**-8) Von E. Müller, 128 S., 14 Zeichnungen, kart. ●

So feiert man Feste fröhlicher
Heitere Vorträge und Gedichte
(**0098**-7) Von Dr. Allos, 96 S., 15 Abb., kart. ●

Heitere Vorträge und witzige Reden
Lachen, Witz und gute Laune
(**0149**-5) Von E. Müller, 104 S., 44 Abb., kart. ●

Da lacht das Publikum
Neue lustige Vorträge für viele Gelegenheiten.
(**0716**-7) Von H. Schmalenbach, 96 S., kart. ●

Gereimte Vorträge
für Bühne und Bütt.
(**0567**-9) Von G. Wagner, 96 S., kart. ●

Narren in der Bütt
Leckerbissen aus dem rheinischen Karneval.
(**0216**-5) Zusammengestellt von T. Lücker, 112 S., kart. ●

Damen in der Bütt
Scherze, Büttenreden, Sketche
(**0354**-4) Von T. Müller, 136 S., kart. ●

Wir feiern Karneval
Festgestaltung und Reden für die närrische Zeit.
(**0904**-6) Von M. Zweigler, 120 S., 7 Zeichnungen, kart. ●

Helau und Alaaf 1 Närrisches aus der Bütt.
(**0304**-8) Von E. Müller, 112 S., 4 Zeichnungen, kart. ●

Helau und Alaaf 2
Neue Büttenreden für Sie und Ihn
(**0477**-X) Von E. Luft, 96 S., kart. ●

Helau und Alaaf 3
Neue Reden für die Bütt.
(**0832**-5) Von H. Fauser, 112 S., 13 Zeichnungen, kart. ●

Helau und Alaaf 4
Neue Büttenreden für Sie und Ihn
(**0983**-6) Hrsg. H. Fauser, 96 S., 15 s/w-Zeichn., zahlreiche Vignetten, kart. ●

Sketche und Blackouts zum Nachspielen
(**0941**-0) Von E. Cohrs, 112 S., 12 Zeichnungen, kart. ●

Vorhang auf!
Neue Sketche für jung und alt.
(**0898**-8) Von H. Pillau, 96 S., 22 Zeichnungen, kart. ●

Witzige Sketche zum Nachspielen
(**0511**-3) Von D. Hallervorden, 112 S., kart. ●●

Tolle Sketche
mit zündenden Pointen – zum Nachspielen.
(**0656**-X) Von E. Cohrs, 112 S., kart. ●

Vergnügliche Sketche
(**0476**-1) Von H. Pillau, 96 S., 7 Zeichn., kart. ●

Lustige Sketche
Kurze Theaterstücke für Jungen und Mädchen
(**0669**-1) Von U. Lietz, U. Lange, 96 S., kart. ●

Spielbare Witze für Kinder
(**0824**-4) Von H. Schmalenbach, 112 S., 30 Zeichnungen, kart. ●

Die besten Beamtenwitze
(**0574**-1) Von W. Pröve, 80 S., 39 Zeichnungen, kart. ●

Witzig, witzig
(**0507**-5) Von E. Müller, 128 S., 16 Zeichnungen kart. ●

Die besten Kinderwitze
(**0757**-4) Von K. Rank, 112 S., 28 Zeichnungen, kart. ●

Lach mit!
Witze für Kinder, gesammelt von Kindern.
(**0468**-0) Von W. Pröve, 96 S., 17 Zeichnungen, kart. ●

Spiele und Denksport

Neues Buch der siebzehn und vier Kartenspiele
(**0095**-2) Von K. Lichtwitz, 96 S., kart. ●

Alles über Pokern
Regeln und Tricks.
(**2024**-4) Von C. D. Grupp, 112 S., 29 Kartenbilder, kart. ●

Romme' und Canasta
in allen Variationen.
(**2025**-2) Von C. D. Grupp, 88 S., 24 Zeichnungen, kart. ●

Doppelkopf, Schafkopf, Binokel, Cego, Tarock und andere Stammtischspiele.
(**2015**-5) Von C. D. Grupp, 112 S., kart. ●

Black Jack
Regeln und Strategien des Kasinospiels.
(**2032**-3) Von K. Kelbratowski, 88 S., kart. ●

Spielend Skat lernen
unter freundlicher Mitarbeit des Deutschen Skatverbandes.
(**2005**-8) Von Th. Krüger, 120 S., 181 s/w-Fotos, 22 Zeichn., kart. ●

Patiencen
In Wort und Bild. (**2003**-1) Von I. Wolter-Rosendorf, 120 S., kart. ●

Neue Patiencen
(**2036**-8) Von H. Sosna, 160 S., 43 Farbtafeln, kart. ●●

Falken-Handbuch **Bridge**
Von den Grundregeln zum Turnierspiel.
(**4092**-X) Von W. Voigt und K. Ritz, 280 S., 792 Zeichnungen, gebunden. ●●●●

Spielend Bridge lernen
(**2012**-0) Von J. Weiss, 96 S., 58 Zeichnungen, kart. ●

Präzisions-Treff im Bridge
(**2037**-6) Von E. Jannersten, 152 S. kart. ●●

Spieltechnik im Bridge
(**2004**-X) Von V. Mollo und N. Gardener, deutsche Adaption von D. Schröder, 152 S., kart. ●●●

Neue Kartentricks
(2027-9) Von K. Pankow, 104 S., 20 Abb., kart. ●

Das japanische Brettspiel Go
(**2020**-1) Von W. Dörholt, 104 S., 182 Diagramme, kart. ●

Mah-Jongg
Das chinesische Glücks-, Kombinations- und Gesellschaftsspiel. (**2030**-9) Von U. Eschenbach, 80 S., 30 s/w-Fotos, 5 Zeichn., kart. ●

Backgammon
für Anfänger und Könner. (**2008**-2) Von G. W. Fink und G. Fuchs, 104 S., 41 Abb., kart. ●

Das Backgammon-Handbuch
(**4422**-4) Von E. Heyken, M. B. Fischer, 232 S., 400 Abbildungen, Pappband. ●●●●

Würfelspiele
für jung und alt. (**2007**-4) Von F. Pruss, 112 S., 21 s/w-Zeichnungen, kart. ●

Roulette richig gespielt
Systemspiele, die Vermögen brachten.
(**0121**-5) Von M. Jung, 96 S., zahlreiche Tabellen, kart. ●

Spiele für Party und Familie
(**2014**-7) Von Rudi Carrell, 80 S., 22 Zeichnungen, kart. ●

Neue Spiele für Ihre Party
(**2022**-8) Von G. Blechner, 120 S., 54 Zeichnungen, kartoniert. ●

Lustige Tanzspiele und Scherztänze
für Partys und Feste.
(**0165**-7) Von E. Bäulke, 80 S., 53 Abb., kart. ●

Das Spiel mit der Schwerkraft
Jonglieren
Mit Bällen, Keulen, Ringen und Diabolo.
(**1009**-5) Von S. Peter, 80 S., 149 Farbfotos, kartoniert. ●●

Magische Zaubereien
(**0672**-1) Von W. Widenmann, 64 S., 31 Zeichnungen, kart. ●

Zaubern
einfach – aber verblüffend.
(**2018**-X) Von D. Bouch, 84 S., 41 Zeichnungen, kart. ●

Scherzfragen, Drudel und Blödeleien
gesammelt von Kindern.
(**0506**-7) Hrsg. von W. Pröve, 80 S., 57 Zeichnungen, kart. ●

Kinderspiele
die Spaß machen.
(**2009**-0) Von H. Müller-Stein, 104 S., 28 Abb., kart. ●

Kinderspiele mit Buchstaben und Wörtern
(**1041**-9) Von Dr. U. Vohland, 96 S., 53 Zeichnungen, kartoniert. ●

Spiel und Spaß am Krankenbett
für Kinder und die ganze Familie.
(**2035**-X) Von H. Bücken, 96 S., 97 Zeichnungen, kart. ●

Spiele im Freien
(**2038**-4) Von G. Wagner, 88 S., 20 zweif. Zeichnungen, kartoniert. ●

Spiel und Spaß zu Hause
(**2039**-2) Von U. Geißler, 80 S., 90 zweifarbige Abbildungen, kart. ●

Spiel und Spaß auf Reisen
Für Kinder und die ganze Familie
(**1085**-0) Von U. Geißler, 80 S., 107 zweifarbige Zeichnungen, kart. ●

Guten Tag, Kinder!
Neue Texte mit Spielanleitungen fürs Kasperletheater. (**0861**-9) Von U. Lietz, 96 S., 18 s/w-Zeichnungen, kart. ●

Kasperletheater
Spieltexte und Spielanleitungen · Basteltips für Theater und Puppen.
(**0641**-1) Von U. Lietz, 114 S., 4 Farbtafeln, 12 s/w-Fotos, 39 Zeichnungen, kart. ●

Kindergeburtstage, die keiner vergißt
Planung, Gestaltung, Spielvorschläge.
(**0698**-5) Von G. und G. Zimmermann, 104 S., 80 Vignetten, kart. ●

Kindergeburtstag
Vorbereitung, Spiel und Spaß.
(**0287**-4) Von Dr. I. Obrig, 136 S., 40 Abb., 11 Zeichnungen, 9 Lieder mit Noten, kart. ●

Unvergeßliche Kinderfeste
Tolle Dekorationen, Spiele, Sketche für drinnen und draußen
(**4457**-7) Von Dr. G. Hennekemper, 192 S., 111 Farbfotos, 214 Farb- und 14 s/w-Zeichnungen, 4 Seiten Schnittmuster, Pappband. ●●●

Knobeleien und Denksport
(**2019**-8) Von K. Rechberger, 142 S., 105 Zeichnungen, kart. ●

Das Super-Kreuzwort-Rätsel-Lexikon
Über 150.000 Begriffe.
(**4279**-5) Von H. Schiefelbein, 688 S., Pappband. ●●

Computerbücher und Software

FALKEN Computer Lexikon
(**4185**-3) 312 S., 173 s/w-Fotos, Pappband. ●●●

Computer-Grundwissen
Eine Einführung in Funktion und Einsatzmöglichkeiten. (**4359**-7) Von Chr. T. Wolff, 176 S., 193 Farb- und 12 s/w-Fotos, 37 Computergrafiken, kartoniert. ●●● (**4358**-9) Pappband. ●●●●

Daten-Fernübertragung
Vom Akustikkoppler bis zum lokalen Netzwerk
(**4325**-2) Von P. C. den Heijer, R. Tolsma, 272 S., zahlreiche Abb., kartoniert. ●●●●●

Microsoft Excel
Tabellenkalkulationen, Geschäftsgrafik und Datenbank im Selbststudium für alle Versionen bis 2.1. Mit Tutor-Diskette.
(**4333**-3) Von P. Vogel, M. Hofmann, 176 S., 112 zweifarbige Abb., kartoniert. ●●●●●

Desktop Publishing: Typografie und Layout
Seiten gestalten am PC · für Einsteiger und Profis
(**4330**-9) Von Dr. H. D. Baumann, M. Klein, 320 S., zahlreiche zweifarbige Abb., Pappband. ●●●●●

Einführung in Pascal
Garantiert Pascal lernen durch schrittweise Erarbeitung
(**4329**-5) Von R. Röder, 270 S., durchgehend zweifarbig, Pappband. ●●●●●

Einführung in C
(**4336**-8) Von A. Janka, P. Welzig, 270 S., zahlreiche Abbildungen, mit Begleitdiskette 5 1/4", Pappband. ●●●●●

PC HELP!
CONFIG.SYS und AUTOEXEC. BAT
Optimale Systemkonfiguration
(**4338**-4) Von A. Görgens, 64 S., ca. 50 s/w-Abbildungen und Grafiken, kartoniert. ●●

PC HELP!
DOS-Kommandos richtig nutzen
(**4339**-2) Von A. Görgens, 64 S., ca. 50 s/w-Abbildungen und Grafiken, kartoniert. ●●

PC HELP!
Dateien retten mit Norton Utilities und PC-Tools
(**4340**-6) Von A. Görgens, 64 S., ca. 50 s/w-Abbildungen und Grafiken, kartoniert. ●●

PC HELP!
Batch-Dateien – DOS-Abläufe selber festlegen
(**4341**-4) Von A. Görgens, 64 S., ca. 50 s/w-Abbildungen und Grafiken, kartoniert. ●●

PC HELP!
Word – Serienbriefe
(**4342**-2) Von P. Vogel, 64 S., ca. 50 s/w-Abbildungen und Grafiken, kartoniert. ●●

PC HELP!
Geschäftsgrafiken mit Lotus 1-2-3
(**4343**-0) Von P. Vogel, 64 S., ca. 50 s/w-Abbildungen und Grafiken, kartoniert. ●●

PC HELP!
Die ersten Schritte mit dem PC
(**4344**-9) Von P. Vogel, H. Ebsen, 64 S., ca. 50 s/w-Abbildungen und Grafiken, kart. ●●

PC HELP!
Mehr Speicher unter DOS nutzen
(**4345**-7) Von K. O. Kuhl, 64 S., ca. 50 s/w-Abbildungen und Grafiken, kartoniert. ●●

PC HELP!
Viren erkennen und beseitigen
(**4346**-5) Von M. Hofmann, 64 S., ca. 50 s/w-Abbildungen und Grafiken, kartoniert. ●●

PC HELP!
dBASE-Relationen richtig nutzen
(**4347**-3) Von M. Hofmann, 64 S., ca. 50 s/w-Abbildungen und Grafiken, kartoniert. ●●

PC HELP!
Termine steuern mit FRAMEWORK III
(**4348**-1) Von M. Hofmann, 64 S., ca. 50 s/w-Abbildungen und Grafiken, kartoniert. ●●

PC HELP!
Listendruck mit dBASE und kompatiblen Programmen
(**4349**-X) Von M. Hofmann, 64 S., ca. 50 s/w-Abbildungen und Grafiken, kartoniert. ●●

FALKEN Software
Einstellungstets
Die optimale Vorbereitung für Bewerber
(**7013**-6) Wendediskette für C 64/C 128 PC, mit Begleitheft. ●●●●*

FALKEN Software
Schnell und sicher zum
Führerschein
Intensivtraining mit dem amtlichen Fragenkatalog
(**7024**-1) für Atari ST 520/1040, mit Begleitheft. ●●●●●*
(**7029**-2) f. Amiga, mit Begleitheft. ●●●●●*

FALKEN Software
Maschinenschreiben und Tastaturtraining für Computer
(**7009**-8) Von B. Hoppius, Diskette 5 1/4" u. 3 1/2" für IBM PC + Kompatible, mit Begleitheft. ●●●●●*

FALKEN Software
Musterkorrespondenz in Deutsch, Englisch, Französisch, Italienisch, Spanisch
(**7041**-1) Diskette 5 1/4" für IBM-PC + Kompatible, mit Begleitbroschüre. ●●●●●*
(**7051**-9) Diskette 3 1/2" für IBM-PC + Kompatible, mit Begleitbroschüre. ●●●●●*

FALKEN Software
TEXAD
Text- und Adressenverwaltung
Mit Musterbriefen und Formularen für den privaten und geschäftlichen Bereich
(**7017**-9) für IBM-PC und Kompatible, Disk, 5 1/4", mit Begleitheft. ●●●●●*
(**7048**-9) Diskette 3 1/2", mit Handbuch. ●●●●●*
(**7049**-7) Demo-Version 5 1/4", ohne Handbuch. ●●*
(**7050**-0) Demo-Version 3 1/2", ohne Handbuch. ●●*

FALKEN Software
DOS-Tutor
DOS lernen, üben und beherrschen
(**7020**-9) Diskette 5 1/4" für IBM PC + Kompatible, mit Begleitheft. ●●●●●*
(**7021**-7) Diskette 3 1/2" für IBM PC + Kompatible, mit Begleitheft. ●●●●●*

FALKEN Software
Wirtschaftsrechnen in Beruf und Alltag.
(**7037**-3) Diskette für IBM PC + Kompatible, mit Begleitheft. ●●●●●*

FALKEN Software
Vokabeltrainer Englisch
Über 2000 Vokabeln und Redewendungen
(**7001**-2) Disk. für C 64/C 128 PC, mit Begleitheft ●●●●●*
(**7007**-1) Disk. für Atari ST 520/1040, mit Begleitheft. ●●●●●*
(**7030**-6) für IBM PC + Kompatible, mit Begleitheft. ●●●●●*
(**7031**-4) für Atari ST 520/1040, mit Begleitheft. ●●●●●*
(**7032**-2) für Amiga, mit Begleitheft. ●●●●●*

FALKEN Software
Take a Trip to Britain
Spielend Englisch lernen mit dem Computer
(**7004**-7) Diskette für C 64/C 128 PC, mit Begleitheft. ●●●●*
(**7039**-X) Diskette 5 1/4" für IBM-PC + Kompatible, mit Begleitheft. ●●●●●*

FALKEN Software
The Grammar Master
(**7002**-0) Diskette für C 64/C 128 PC, mit Begleitheft. ●●●●*

FALKEN Software
From Coast to Coast
Travelling through the USA
(**7040**-3) Diskette 5 1/4" für IBM-PC + Kompatible, mit Begleitbroschüre. ●●●●●*
(**7061**-6) Diskette 3 1/2" für IBM-PC + Kompatible, mit Begleitbroschüre. ●●●●●*

FALKEN Software
Vokabeltrainer Französisch
Über 2000 Vokabeln und Redewendungen frei erweiterbar.
(**7018**-7) Systemdisk. + Wendedisk. für C 64/C 128 PC, mit Begleitheft. (**7019**-5) Disk. für IBM-PC + Kompatible, mit Begleitheft. ●●●●●*

FALKEN Software
Je finis, tu finis ... maîtrisez la grammaire française
Französische Grammatik lernen und beherrschen
(**7053**-5) Diskette 5 1/4" für IBM-PC + Kompatible, mit Begleitbroschüre. ●●●●●*
(**7069**-1) Diskette 3 1/2" für IBM-PC + Kompatible, mit Begleitbroschüre. ●●●●●*

FALKEN Software
Le monde des affaires en français
Wirtschaftsfranzösisch leicht gelernt
(**7054**-3) Diskette 5 1/4" für IBM-PC + Kompatible, mit Begleitbroschüre. ●●●●●*
(**7068**-3) Diskette 3 1/2" für IBM-PC + Kompatible, mit Begleitbroschüre. ●●●●●*

FALKEN Software
Vokabeltrainer Italienisch
Über 2000 Vokabeln und Redewendungen frei erweiterbar.
(**7065**-9) Diskette 5 1/4" für IBM-PC + Kompatible, mit Begleitbroschüre. ●●●●●*
(**7064**-0) Diskette 3 1/2" für IBM-PC + Kompatible, mit Begleitbroschüre. ●●●●●*

FALKEN Software
Vokabeltrainer Latein
Über 2000 Vokabeln und Redewendungen frei erweiterbar.
(**7022**-5) Von B. Hoppius, 2 Wendedisketten für C 64/C 128 PC, mit Begleitheft.
(**7033**-0) Diskette für IBM-PC + Kompatible, mit Begleitheft. ●●●●●*

FALKEN Software
Börsenfieber
Spielend spekulieren mit Geld und Aktien
(**7016**-0) für IBM PC + Kompatible, Diskette 5 1/4", mit Begleitheft. ●●●●●*
(**7026**-8) für C 64/C 128 PC mit Begleitheft, (**7027**-6) für Atari ST 520/1040, mit Begleitheft, ●●●●●*
(**7028**-4) für Amiga, mit Begleitheft. ●●●●●*
(**7044**-6) für IBM PC + Kompatible, Diskette 3 1/2", mit Begleitheft. ●●●●●*
(**7038**-1) für C 64/128 C Kassette, mit Begleitheft, ●●●●*

FALKEN Software
Börsenfieber
Über 100 neue Ereignisse
(**7066**-7) Diskette 5 1/4" für IBM-PC + Kompatible, mit Begleitbroschüre. ●●●*
(**7067**-5) Diskette 3 1/2" für IBM-PC + Kompatible, mit Begleitbroschüre. ●●●*

FALKEN Software
Broker King
Cash und crash an der Terminbörse
(**7057**-8) Diskette 5 1/4" für IBM-PC + Kompatible, mit Begleitbroschüre. ●●●●●*
(**7058**-6) Diskette 3 1/2" für IBM-PC + Kompatible, mit Begleitbroschüre. ●●●●●*

Video

Hobby Aquarellmalen
Landschaft und Stilleben
(**6022**-X) VHS, 40 Min., in Farbe, mit Begleitheft. ●●●●*

Hobby Ölmalerei
Landschaft und Stilleben
(**6025**-4) VHS, 40 Min., in Farbe, mit Begleitheft. ●●●●*

Basteln mit Kindern
(**6041**-6) VHS, 60 Min., in Farbe, mit Vorlagen in Originalgröße, mit Begleitheft. ●●●*

Die Modelleisenbahn
Anlagenbau in Modultechnik
(**6028**-9) VHS, 30 Min., in Farbe. ●●●●*

Fit und Gesund
Körpertraining und Bodybuilding zu Hause
(**6013**-0) VHS, 30 Min., in Farbe, mit Begleitheft. ●●●●*

Golf
(**6053**-X) VHS, 60 Min., in Farbe, mit Begleitheft. ●●●●●*

Pflanzenjournal
Blumen- und Pflanzenpflege im Jahreslauf
(**6036**-X) VHS, 30 Min., mit Begleitheft. ●●●●*

Schnitt und Pflege von Bäumen und Sträuchern
(**6050**-5) VHS, 45 Min., in Farbe, mit Begleitheft. ●●●●*

Aktfotografie
Gestaltung/Technik/Spezialeffekte
Interpretationen zu einem unerschöpflichen Thema
(**6001**-7) VHS, 60 Min., in Farbe, mit Begleitheft. ●●●●●*

Videografieren
Technik/Bildgestaltung/Schnitt/Vertonung, Filmen mit Video 8
(**6031**-9) VHS,
60 Min., in Farbe, mit Begleitheft. ●●●●●*

Videografieren perfekt
Profitricks für Aufnahmetechnik und Nachbearbeitung
(**6042**-4) VHS, (**6043**-2) Beta, (**6044**-4) Video 8, 60 Min., in Farbe, mit Begleitheft. ●●●●●*

Streicheleinheiten für Körper und Seele
Partnermassage
(**6051**-3) VHS, 45 Min., in Farbe, mit Begleitheft. ●●●●●*

Reiseziel **New York**
Die schönsten Sehenswürdigkeiten, präzise Informationen, praktische Tips
(**6048**-3) VHS, 60 Min., in Farbe, mit Begleitheft. ●●●●●*

Reiseziel **Kalifornien**
San Franzisko und die schönsten Ziele in Kalifornien.
Präzise Informationen und praktische Tips
(**6049**-1) VHS, 60 Min., in Farbe, mit Begleitbroschüre. ●●●●●*

Reiseziel **Florida**
(**6054**-8) VHS, 60 Min., in Farbe, mit Begleitheft. ●●●●●*

Reiseziel **Hawaii**
Das Paradies im Stillen Ozean
(**6063**-7) VHS, ca. 60 Min., in Farbe, Timecode, Kompaktreiseführer mit Panoramakarte im Taschenformat. ●●●●●*

Info-Tour USA
Die Highlights aus dem FALKEN Reiseprogramm
(**6060**-2) VHS, 30 Min., in Farbe, mit Begleitheft. ●*

Reiseziel **USA**
(**6055**-6) VHS, 60 Min., in Farbe, mit Begleitheft. ●●●●●*

Reiseziel **Irland**
(**6059**-9) VHS, 60 Min., in Farbe, mit Begleitheft. ●●●●●*

Reiseziel **Norwegen**
Rundreise zu den schönsten Fjorden, präzise Informationen, praktische Tips.
(**6058**-0) VHS, ca. 60 Min., in Farbe, Timecode, Kompaktreiseführer mit Panoramakarte im Taschenformat. ●●●●●*

Reiseziel **Kanarische Inseln**
Schöne Strände, interessante Exkursionen
(**6064**-5) VHS, ca. 60 Min., in Farbe, Timecode, Kompaktreiseführer mit Panoramakarte im Taschenformat. ●●●●●*

Reiseziel **Thailand**
(**6065**-3) VHS, ca. 60 Min., in Farbe, Timecode, Kompaktreiseführer mit Panoramakarte im Taschenformat. ●●●●●*

Reiseziel **Berlin**
Kultur, Shopping, Erlebnis
(**6067**-X) VHS, ca. 60 Min., in Farbe, Timecode, Kompaktreiseführer mit Panoramakarte im Taschenformat. ●●●●●*

Körpersprache
verstehen und deuten
(**6046**-7) VHS, 60 Min., in Farbe, mit Begleitheft. ●●●●●*

Das erfolgreiche Vorstellungsgespräch
(**6047**-5) VHS, 60 Min., in Farbe, mit Begleitheft. ●●●●●*

Bestellschein

Erfüllungsort und Gerichtsstand für Vollkaufleute ist der jeweilige Sitz der Lieferfirma. Für alle übrigen Kunden gilt dieser Gerichtsstand für das Mahnverfahren. Falls durch besondere Umstände Preisänderungen notwendig werden, erfolgt Auftragserledigung zu dem bei der Lieferung gültigen Preis.

Ich bestelle hiermit aus dem Falken-Verlag GmbH, Postfach 11 20, D-6272 Niedernhausen/Ts., durch die Buchhandlung:

Ex.

Ex.

Ex.

Ex.

Name: Datum:

Straße:

Ort: Unterschrift:

Die hier vorgestellten Bücher, Videokassetten und Software sind in folgende Preisgruppen unterteilt:

● Preisgruppe bis DM 10,–/S 79,–/SFr 10,–
●● Preisgruppe über DM 10,– bis DM 20,–/S 80,– bis S 160,–/SFr 10,– bis SFr 20,–
●●● Preisgruppe über DM 20,– bis DM 30,–/S 161,– bis S 240,–/SFr 20,– bis SFr 29,–
●●●● Preisgruppe über DM 30,– bis DM 50,–/S 241,– bis S 400,–/SFr 29,– bis SFr 48,–
●●●●● Preisgruppe über DM 50,–/S 401,–/SFr 48,–
*(unverbindliche Preisempfehlung)

Die Preise entsprechen dem Status beim Druck dieses Verzeichnisses (s. Seite 1) – Änderungen, im besonderen der Preise, vorbehalten –

Falken-Verlag GmbH · Postfach 1120 FALKEN D-6272 Niedernhausen/Ts. · Tel.: 0 61 27/70 20